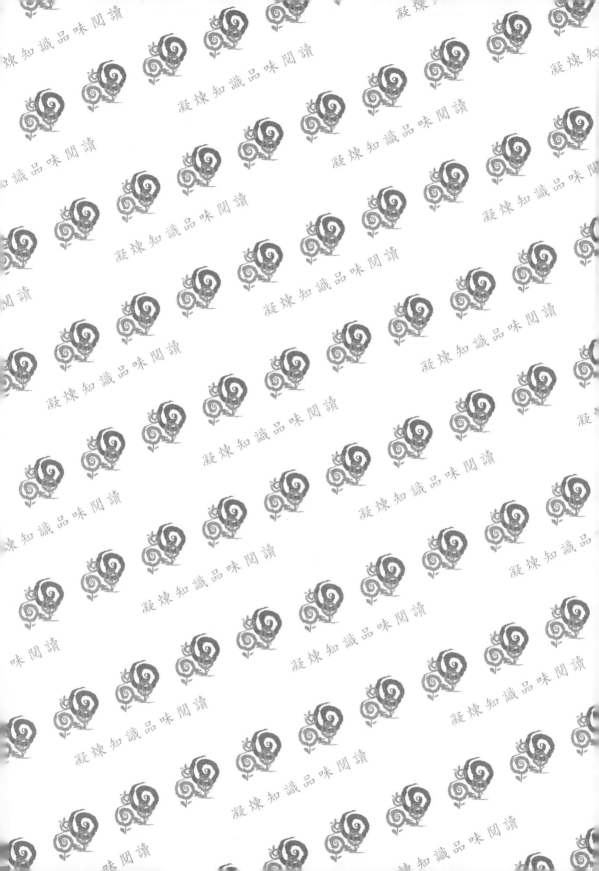

幼兒園課程
與教學設計

蔡瑾靜　著

五南圖書出版公司 印行

推薦序一

專業來自經驗的積累與焠鍊
——千呼萬喚始出來——

　　這本《幼兒園課程與教學設計》專書的出版，有一段很長的故事和機緣。由於個人參與移民署的「火炬計畫」，認識了在嘉義縣雙溪國小幼兒園服務的瑾靜老師，一位有個性、有想法、有創意、有概念的專業教師。從幾次的分享與對話中，不難窺出瑾靜老師在幼兒教育上專業的理念，以及在幼兒課程與教學方面的努力。在幼兒園擔任教學工作，累積了20年以上的經驗，每一學年開始前，總是要為未來一年的教學，費盡心思的構思課程與教學方面的內容，希望可以為幼兒的教育，提供不一樣的活動、不一樣的教學、不一樣的課程。其實，這些內容的構思與創新，正符合以「教師為主體」的課程設計理念，也符合「由下而上」的學校本位課程理想的落實。

　　透過幾次的課程與教學設計經驗分享與對話，個人私下希望瑾靜老師可以將自己在幼兒園服務多年的專業經驗與寶貴的想法，透過文字的洗練與專書的出版，提供幼兒園教師專業上的參考；沒想到，一開始就遭到「閉門羹」式的婉拒，理由是她沒有博士學位、不是教授、不夠專業、怕被批評、怕被嘲笑、怕被指責等等。因此，這本書的出版，耗費了一段好長的時間，才讓瑾靜老師無奈地點頭同意。在瑾靜老師同意將自己的經驗，透過專書出版和幼教老師分享之後，誰知道真正的苦難才

開始，除了要隨時當她的字典、顧問、吐苦水的對象，還要經常鼓勵她快完成了，最後一哩路了，寫得很好，內容很優，貢獻很大（雖然這些都是真的，但是要常常反覆地鼓勵她），繼續寫下去別放棄。

如今，這本專書終於要面世了，我的壓力可以解脫了，終於可以鬆一口氣了。雖然，在瑾靜老師寫書的歷程中，要扮演催稿的角色、課程與教學的顧問、亦師亦友的身分。但看了本書的初稿，覺得內容相當的優，對於幼兒園教師的教學，有正面積極的意義，期盼本書的出版，能提供幼兒園教師，一個專業的思維，課程與教學模式的參考，進而提升課程與教學的品質。

瑾靜老師的課程與教學設計，始終圍繞在創新、體驗、成長、精緻的理念之上，並且以(1)覺知辨識；(2)表達溝通；(3)關懷合作；(4)賞析推理；(5)想像創作；(6)自主管理等六個範疇為主要的焦點，進行具有樂趣化、創新性、趣味化的教學活動設計實施。是一本值得幼兒園教師典藏，並且加以細細閱讀的專書，從本書的內容閱讀能啓發更多課程與教學實施的思維，也能激發更多幼兒教學的能量。我個人很榮幸，能在本書出版前夕，閱讀第一手資料，並且提筆為本書的出版寫幾句話，雖然本書的出版，是在「千呼萬喚始出來」情境下，個人仍為瑾靜老師的專業經驗與專業分享的精神，感到相當的榮幸與值得鼓勵的情懷。

臺南大學教育學系　林進材謹誌

2016年12月12日

推薦序二

翻轉幼兒教學的推手
——我所知道的瑾靜

幾年前到嘉義雙溪國小演講，很訝異的發現竟然有幼兒園的老師，對我的教學感到興趣，爾後還一路跟著到「溫老師備課party」，持續關注國小教學的發展，並從中發現靈感改變更多傳統思維。後來，透過臉書的相互聯繫，發現瑾靜早已是師鐸獎得主，而且，102年還得到教育部閱讀磐石推手獎，是一位非常優秀且專業的老師。

然而，對幼兒閱讀教育的前瞻與創新，竟也為她帶來不少外界誤解：

「……一路走來真的很辛酸，當初因為我不教寫字，家長沒安全感，認為我走創意都是胡搞。我一直研發新的東西，甚至被其他人笑說，這麼拼命幹嘛？還好，這幾年因為轉型，有機會讓我們集結這些年的成果出版，告訴所有老師這些在教室裡努力的故事……」

當時，看到她給我的訊息，很訝異在這麼多的阻撓之下，瑾靜依然堅持要把鄉下的孩子，帶進策略閱讀與創意學習的花園，並引領這些稚嫩純真的寶貝，從繪本的閱讀中，感受書本的美好與巨大能量。

當時，我感動莫名，也意識到幼兒園教師對學齡前兒童的影響力。試想，如果這些第一線的園長或老師，透過閱讀與創意跟孩子溝通各種議題、價值觀，或者建置生活能力與學習方法，那麼，這些孩子進入小

學也就能減少適應時間，也必定降低學習挫敗機率。

　　於是，我回了訊息鼓勵她：「寫吧！這會是對你過往受傷情緒最好的治癒劑，寫下這些故事，不僅為你自己，也能安慰與激勵更多老師的。所以，慢慢寫，一定要寫才會更清楚生命歷程，還能幫助你自己提升教學能力……」

　　現在看來，這已是近三年前我給瑾靜的私訊；當時，她很客氣覺得自己的經驗微不足道，但，我知道，不管出版與否，她一樣還是秉持著心中的大愛，一雙閒不下來的手與聰慧的大腦，時時刻刻都運用最新的教學資訊，充滿熱情的在班級和演講場合，展現超人的意志力與創造力，讓幼兒園的孩子也能創意讀和寫或畫。

　　「老師晚安：忍不住想與您分享一張孩子的經驗圖表。我們有一位熱心教育的家長，邀請全校師生去看《看見臺灣》，回來之後，我讓孩子畫出他們所看見的並且分享。孩子的細微讓我深信閱讀力在他們身上種下小種子了……。」看吧！不管是她的動態分享上課狀態，還是私下興奮地傳來成果，瑾靜就像一個快樂的點燈人，而孩子藉由這道光，打開視野，站在高處看見未來無垠的世界。

　　今年下半年，傳來瑾靜要出版的好消息，這本書不僅能看出瑾靜的教學故事，更重要的是一篇篇具體又精彩的教學案例，叫人振奮不已。一直以來，我就不斷強調「教學案例」的價值與意義，雖然寫過的老師就知道有多艱辛與挑戰，但是，瑾靜辦到了，這些案例都是實際操作之後，不斷再加以修正補充，兼具多元、趣味、深度和效度，非常適合相關教師與家長參考。最為讚嘆的是，幼兒園的課程與教學設計，採用主題進行方式，每個活動都得相互連結與唱和，不管動態或是靜態，室內或走出戶外，都要能環環相扣，才不致流於雜亂無章，從發想，設計，執行，整理資料與成果彙編，若非有驚人的意志力與超強的整合能力，

不可能讓這些資料得以傳承與流傳。

再次恭喜瑾靜，也非常推薦這本兼具實用與深度的書，期待這本書如春風吹拂，為幼兒教育園地帶來馨香與美麗。

臺南大學附設實驗小學　溫美玉

▌作者序

「哪怕只有螢火微光，我也要把它捧出來，溫暖這個世界」
　　溫暖每一位眼前與我相遇的孩子～

　　人生的夢想與計畫中，從沒有出現過「寫書」這二個字，但奇妙的因緣與使命，讓我鼓起勇氣終於完成了這本書。

　　臺南大學林進材教授是本校國小部火炬計畫的指導教授，在一次暑假的備課日聽了教授的演講，內心非常的有感，於是主動請求教授協助指導，讓我們可以有更進步的機會。教授這三年多來幾乎天天透過班級臉書觀看我們的教學，並給予實際的指導與建議，大約兩年多前，教授建議把這些活動彙整出書，當下我沒有答應，經深思後還是拒絕。我單純的覺得在雙溪適用的教學，未必會符合他人的需求，我連下班後，都還沉浸在孩子學習的幸福感與備課的樂趣中，寫書一定會改變我目前的生活，所以幾次都沒答應教授。

　　有一次聽到一位老師分享，她的課程都被輔助練習本所綁架，因為家長喜歡，除了輔助練習本之外，她也不知道自己可以上什麼的課程，也沒有機會可以學習他人的成功經驗，當下我的心很難過，難過她的無奈，不捨孩子在寶貴的黃金時期只有紙筆的練習，而沒有開闊且創意、豐富的探索。我想到教授當初鼓勵我寫書的理由，原來真的有許多人，是需要藉著他人的成功經驗被鼓舞而增上，於是我答應試著完成這一個使命。

　　回想自己在雙溪19年來，也是歷經幾次重要性的改革，在教學翻轉過程的辛酸與不被認同的無奈，若不是對教育初心的執著與堅持，以及因為愛孩子而得到的動力，我們應該也無法成功的翻轉。我也是從一位不快樂且依賴出版社以及輔助教材的老師，慢慢蛻變成一位，天天樂在享受孩子的創意學習，陪同孩子們幸福探索的陪伴者。當我的身分從老師，轉變為引導者、支持者與陪伴者之後，我不同的視野與孩子創意的表現，讓我們師生愈來愈享受這樣轉變而帶來的喜悅；也希望讓雙溪翻轉成功的經驗，可以鼓舞正處在無助與想要改變的老師們，作為他們邁向幸福的一個參考。

　　我的個性比較龜毛，所以在寫書的過程中，一直不是很順遂，常常會因為一個小點不知如何呈現，而讓進度停滯很多天，有時候思緒卡住了，也會傳LINE責怪教授，幹嘛找上我寫書，讓我生活常常因為寫書壓力而不自在。教授很有智慧，有時候不會直接說破我的點，會舉例子給我去思辨，也會給時間讓我想清楚困難點的癥結。這過程中還因為頸椎壓迫，導致左手產生的酸麻痛感，也讓我無法靜下心來好好專心寫書。所以寫書的時間拖很久，但終於完成了～真是無限感恩。

　　雙溪在轉型之後，把學習主導權歸還幼兒，課程變得創意且活潑，深受幼兒們和家長的喜愛，幼兒天天樂在學習探索，家長們全力的相挺，還有歷任及現在侯校長的支持與學校行政全力的支援，讓雙溪幼兒園慢慢茁壯與進步成長。

　　「點亮孩子生命中的亮點，當孩子生命中的伯樂，讓孩子因與我的相遇，而開始幸福滿滿～」這一直是我所秉持並堅守的信念，一個人的能力有限，但一個有行動力又充滿愛的老師，就可能凝聚很多人的力量，而改變原先認為不可能改變的事。因為很愛孩子的這顆心，讓我們願意去改變先前的不足，所以老師有心，孩子們就有機會，即使我們只

有一班30位幼兒，又位處在資源不利的偏鄉小學校，但我們仍然願意努力，朝優質與卓越邁進～

　　進材教授～烏龜終於到達終點了，雖然過程緩慢步履艱辛，也常常因為叛逆不聽話，堅持己見而走冤枉路，感恩教授沒有因為我的慢工和固執而放棄我，讓我有機會圓滿到終點～無限感恩。

　　「哪怕只有螢火微光，我也要把它捧出來，溫暖這個世界」，瑾靜還是會繼續很努力、很用心，把幸福老師的這角色做好。今天，這本書終於完成了，瑾靜把這本書獻給在這段漫長過程中一路陪伴我的每一位，您們的陪伴、鼓勵、支持與打氣，讓我們一起完成了這一件超有意義且超幸福美事～感恩每一位。

目　錄

第一篇　幼兒園課程與教學設計基本模式與原理

第二篇　幼兒園階段課程與教學設計實務（一）

Contents

第三篇　幼兒園階段課程與教學設計實務（二）

第四篇　幼兒園階段課程與教學設計實務（三）

Contents

第五篇　幼兒園階段課程與教學設計實務（四）

第六篇　幼兒園階段課程與教學設計實務（五）

Contents

第一篇

○○○○○○○○○○○○○○○○○○○

幼兒園課程與教學
設計基本模式與原理

林進材

國立臺南大學教育學系教授

一、課程與教學設計基本理念

本書命名爲「幼兒園課程與教學設計」的主要目的，乃希望透過幼兒教育理論，結合能力指標的內涵與準則，透過課程與教學設計及課程與教學活動實施，落實幼兒教育的理念，引領幼兒教師提升教育專業能力，並且激發課程與教學設計的潛能，提供幼兒專業的活動實施，培養幼兒六大能力指標的內涵素養。

有關幼兒課程與教學設計理念，請參考下列理念模式圖（圖1）。圖1的主要範圍囊括學校教育、家庭教育與社區教育三個主軸。在教育內涵方面，包括(1)覺知辨識；(2)表達溝通；(3)關懷合作；(4)賞析推理；(5)想像創作；(6)自主管理等六個範疇。希望幼兒教育的推動與落實，可以學校教育、家庭教育與社區教育一起努力，提升幼兒教育的品質，激發幼兒的潛在能力，讓幼兒從快樂中學習，學習中有快樂，營造一個值得回憶的童年。

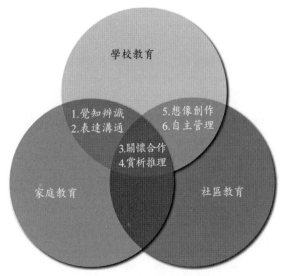

✦圖1　幼兒園課程與教學設計理念模式圖

二、課程與教學設計模式（流程圖）

賡續幼兒課程與教學設計基本理念，本書的各項活動設計，係奠基於下列基本流程圖。茲將幼兒課程與教學設計的流程，簡要說明如下：

（一）幼兒園教育

本書的課程與教學設計，主要以「幼兒園教育」為理論依據，透過理論依據結合課程與教學活動設計，引導幼兒園教師熟悉幼兒教育相關理論，將相關理論的內涵、精神、特色、準則、流程、基本理念等，結合幼兒學習能力指標內涵與規準，提供幼兒從活動中學習、從學習中活動的機會，透過學習能力的開展，提升各項基本能力。

（二）幼兒教育理論

許多國家的幼兒教育強調發展幼兒的體力和智力，注意實際操作。在幼兒教育理論方面，通常包括生活衛生習慣、體育活動、思想品德、語言、常識、算術、音樂和美術。在幼兒全面發展的教育內容方面，要包括遊戲、體育活動、上課、觀察、勞動、娛樂等整個生活和活動之中。

（三）幼兒園階段學習能力指標內涵與規準

本書內各項幼兒園階段學習能力指標內涵與規準，除了依據幼兒教育理想與理論外，更重要的是依據教育部民國101年8月30日發布「幼兒園教保活動課程暫行大綱」，將幼兒所需要學習的能力指標，透過「對應與轉化」設計各種的學習活動，讓所有幼兒園的幼兒可以在活動中學習，透過各項活動的學習，培養應該具備的能力指標，進而提升各項能力素養。（備註：「幼兒園教保活動課程暫行大綱」，在歷經4年研修後，於民國105年12月1日修正發布為「幼兒園教保活動課程大綱」，並自106年8月1日起生效。）

（四）六項基本能力

本書的能力指標內涵與規準，依據現行的辦法，包括「覺知辨識」、「表達溝通」、「關懷活動」、「推理賞析」、「想像創作」、「自主管理」等六大基本能力。

（五）能力指標與課程教學的對應與轉化

在以六項基本能力為課程與教學活動設計之後，接下來就是課程與教學的對應與轉化。幼兒園教師在熟悉六大基本能力之後，應該透過課程與教學設計的歷程，將各種基本能力融入課程目標，作為課程與教學設計的依據，進而選擇生活經驗，透過課程的對應與轉化，成為幼兒的學習活動。

（六）幼兒園課程教學實施與活動實施

幼兒園課程教學實施與活動實施的設計，主要來自於能力指標與課程教學的對應與轉化，課程轉化與實施指的是幼兒園教師的教學活動，以及園所內所做的各項活動。教師在進行活動設計時，要依據能力指標的內涵與要求，才能規劃出具有專業水準的課程教學。

（七）幼兒園課程與教學實施成效評估

課程與教學的實施成效評估，是幼兒園活動最為重要的一環，成效評估的用意在於確定課程與教學目標的達成情形，瞭解幼兒在學習方面的成長變化情形，進而作為是否「修正」或「補救」的依據。

（八）修正課程與教學設計內涵與應用

修正課程與教學設計，是課程設計與實施最後的一環，幼兒園教師在進行課程與教學設計，實施之後應該要有成效評估的理念，透過成效評估有助於瞭解是否將課程與教學設計內涵進行修正或調整。

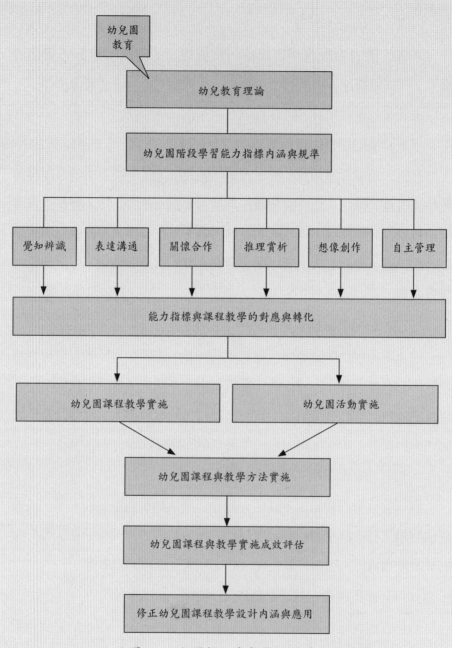

✦圖2 幼兒園課程與教學設計基本流程圖

三、幼兒園教師課程與教學設計模式

一般而言，課程設計的模式是課程設計的實際運作狀況的縮影，或是理想運作狀況的呈現，希望藉以介紹、溝通或示範課程設計的藍圖，使未來的課程設計行動獲得指引（黃政傑，2015）。有關幼兒園教師課程與教學設計模式，最常使用者為：(1)目標模式（objectives model）的課程設計；(2)歷程（過程）（process model）模式的課程設計；(3)情境模式（situation model）的課程設計。茲簡要說明如下：

（一）目標模式（或稱泰勒模式）

目標課程設計的重要問題包括四個重要階段：

1. 學校應達成哪些教育目標？

2. 要提供哪些學習經驗才能達成目標？

3. 如何有效地組織學習經驗？

4. 如何確定這些教育目標已經達成？

◆圖3　泰勒模式

7

（二）歷程（process model）模式的課程設計

歷程模式課程設計，強調教育的方式與教學過程，而不是教育內容，且重視學習者的主動學習與教師的專業思考。此外，並未預先確定具體的教育目標，且未硬性規定學生學習的行為結果。

歷程模式的設計原則，包括：

1. 允許學習者作明智的選擇

2. 給予學生主動的角色

3. 能使學生接觸具體的事物

4. 課堂中，學生應處理具爭議性的問題

5. 教師不應運用其權威

6. 以討論作為探究的方式

7. 尊重參與者意見的分歧

8. 教師是引導者而不是教導者

（三）情境模式（situation model）的課程設計

史克北（Skilbeck）提出情境分析模式課程設計的理念，其主要的想法包括：課程設計與發展置於社會文化架構中，學校教師藉由提供學生瞭解社會文化價值、詮釋架構和符號系統的機會，改良及轉變其經驗。

情境模式課程設計的主要構成要素如下：

1. 分析情境

2. 擬定目標

3. 設計教與學的課程方案

4. 詮釋及實施課程方案

5. 評估及評鑑

有關情境模式課程設計流程，請參考圖4。

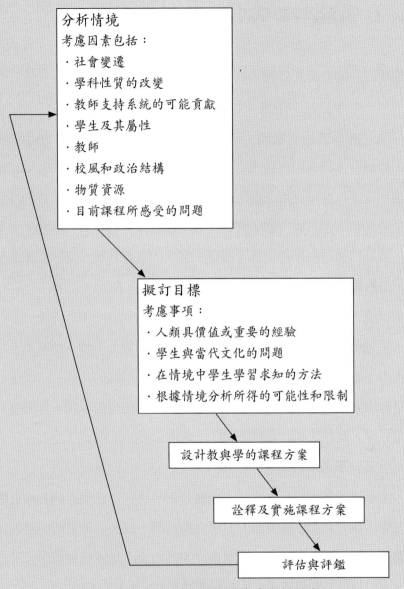

分析情境

考慮因素包括：

· 社會變遷

· 學科性質的改變

· 教師支持系統的可能貢獻

· 學生及其屬性

· 教師

· 校風和政治結構

· 物質資源

· 目前課程所感受的問題

擬訂目標

考慮事項：

· 人類具價值或重要的經驗

· 學生與當代文化的問題

· 在情境中學生學習求知的方法

· 根據情境分析所得的可能性和限制

設計教與學的課程方案

詮釋及實施課程方案

評估與評鑑

✦圖4　史克北的課程設計「情境分析模式」

四、幼兒課程與教學設計內容

幼兒課程與教學設計的模式，一般需要依循下列的內容，作為課程與教學設計的參考和依據。

（一）學習能力指標

幼兒的學習能力指標，通常和素養、行為能力指標、基本能力有關，教師在進行課程與教學活動設計時，應該要先瞭解學習能力指標的內涵和要素，瞭解在每一個階段中的幼兒，必須具備哪些基本的能力，將這些基本的學習能力融入課程與教學設計中，轉化成為課程與教學目標，並且依據這些課程目標，選擇生活中的各種經驗，進而組織篩選各種生活經驗，再轉化成為學習活動的內容。

（二）主題概念網

主題概念網的內容，主要是在學生的學習能力指標，依據能力指標的內容，進行課程與教學設計（請參見各主題活動的內容），師生共同使用網絡圖組織想法；主題概念是屬於大範圍的學習目標，教師宜針對學習目標，進行主題計畫網的設計（或構思）。

（三）主題事後網

主題事後網的構思來自於主題概念網，透過主題概念網的核心能力和主要內涵，教師依據實際的教學活動時間，以及各個園所的特性，進行細項方面的構思和設計。主題事後網的內涵，是課程與教學設計的目標，同時也是教師想要進行的教學設計。

（四）實際教學歷程

在實際教學活動設計中，教師應該要整合可能的活動和界定學習方向，考慮各種學習資源的應用、學習活動過程與活動後回饋等方面的規劃。

1. 學習資源

學習資源的選擇與應用，要參考課程（或學習）目標，爲達成課程目標，可以善用各項學習資源，並提供幼兒在學習方面的資源（例如器材、教材、教學設備等）。

2. 活動過程

教師在教學活動進行時，應考慮幼兒的安全性、樂趣性、教育性等方面的教育需求，讓幼兒可以在安全、舒適、樂趣的環境中進行各項學習活動。

3. 活動後回饋

活動後回饋，主要是透過各種方式的評量，瞭解教學目標達成的情形，以及幼兒在學習方面的改變情形，作爲是否調整課程與教學的依據。

參考文獻

黃政傑（2015）。**課程設計**。臺北：東華。

第二篇

幼兒園階段課程與
教學設計實務（一）

園所背景說明

一、園所班級概況

　　本書所有的活動課程，實例執行園所為嘉義縣朴子市雙溪國民小學附設幼兒園，班級數為混齡一班，幼兒有30名，書中的課程活動，參考期程為101至104學年度。

◆101至104學年度幼兒年齡說明

101學年度—30位			102學年度—30位			103學年度—30位			104學年度—30位		
小班	中班	大班	小班	中班	大班	小班	中班	大班	小班	中班	大班
6	14	10	3	12	15	9	9	12	4	16	10

　　1. 園所以推動創意閱讀和創意主題課程為主，重視幼兒的體驗學習，從小培養幼兒可以帶著走的能力，這樣的課程深受家長和幼兒的喜愛與肯定，讓地處偏鄉的小學校竟然可以招生年年額滿，約有三分之一的幼兒，是每天跨過好幾個學區，家長遠道親自載來上學的。

　　2. 園所有二位老師，都具合格的幼教師資格，一位有31年的經驗，另一位有20年的教學經驗。教保員一位，也具有合格幼教師資格，服務本園5年。

二、園所作息時間參考表

時間	內容	說明
07：30～08：20	幼兒入園	學習區探索、幼兒畫到、晨讀
08：20～08：40	團體活動	生活教育、衛生教育、健康教育、品格小故事、班級經營、音樂律動、兒歌
08：40～10：00	主題活動	團討→執行→回想→分享
10：00～10：30	戶外大肌肉活動	
10：30～11：20	學習區自由探索	幼兒依興趣選擇學習區，老師適時進入各學習區進行觀察
11：20～12：10	營養午餐	
12：10～12：40	餐後潔牙＆銜接時間	潔牙、故事時間、校園散步探索學習
12：40～14：10	甜蜜夢鄉	午睡
14：10～14：20	整理寢具、頭髮梳理	
14：20～14：50	戶外探索活動	
14：50～15：20	活力點心	
15：20～16：00	團體活動	閱讀、音樂、體能、遊戲、戲劇、分享……活動
16：00～	平安放學～	

註：教師進行教學活動時，會依幼兒興趣或是學習情形做彈性調整。

智慧財產權聲明

課程與教學名稱
寶貝上學趣～

一、課程與教學設計理念

　　1. 每一個新學年度的開學日，對老師而言都是新的挑戰，對幼兒和家長也是「心」的挑戰。

　　2. 如何透過一些學習活動，讓老師可以儘快穩定班級，以及面對幼兒的種種突發狀況時，可以有圓滿的互動技巧，且讓幼兒在一開學，就能歡喜開心的上學，更能安定家長「忐忑不安」與「不捨」的情緒，這樣的課程在開學更是很有必要的。

　　3. 在新學年一開始，面對許多第一次入學的幼兒，我們會進行這一個「寶貝上學趣～」的主題活動，作為親師生三贏的第一個趨入之處。

二、課程與教學設計說明

　　本主題共進行15個活動，在一般的課程規劃之外，我們更透過繪本故事，進行許多有趣的延伸活動，讓幼兒不僅可以徜徉在閱讀繪本故事中，還可以透過活動玩出許多樂趣來，讓上學變成一件既開心又有意義的事情。

　　剛開學，班上約有三分之一的新生，所以一開始的課程由老師設計，當課程進行中，漸漸融入幼兒的萌發與想法，變成師生共構的創意課程。

　　當幼兒透過引導與學習，加上老師滿滿的愛與啓發，那存在於幼兒身上的種種多元能力，將源源不絕的展現出來，幼兒的天賦將得以自由～

三、課程與教學設計主題概念網

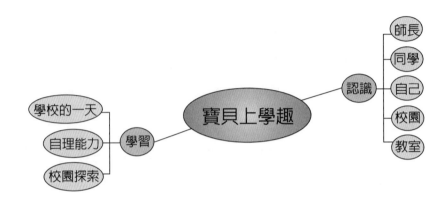

四、課程與教學設計主題活動事後網

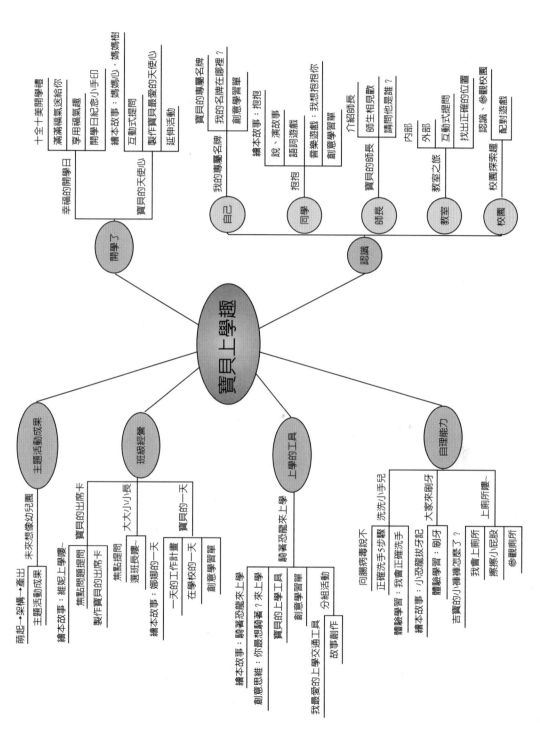

寶貝上學趣

開學了

幸福的開學日
- 十全十美開學禮
- 滿滿福氣送給你
- 學用福袋趣
- 開學日記念小手印

寶貝的天使心
- 繪本故事：媽媽心、媽媽樹
- 互動式提問
- 製作寶貝最愛的天使心
- 延伸活動

認識

自己
- 我的專屬名牌
  - 寶貝的專屬名牌
  - 我的名牌在哪裡？
  - 創意學習單

同學
- 抱抱
  - 繪本故事：抱抱
  - 說、演故事
  - 語詞遊戲
  - 音樂遊戲：我想抱抱你
  - 創意學習單

師長
- 寶貝的師長
  - 介紹師長
  - 師生相見歡
  - 請問他是誰？

教室
- 教室之旅
  - 內部
  - 外部
  - 互動式提問
  - 找出正確的位置

校園
- 校園探索趣
  - 認識、參觀校園
  - 配對遊戲

主題活動成果

主題活動成果
- 萌起→架構→產出
- 未來想像幼兒園

繪本故事：繼續上學樓～
- 焦點問題提問
- 製作寶貝的出席卡

寶貝的出席卡
- 焦點提問
- 選班長提問

大大小小班長
- 一天的工作計畫量
- 在學校的一天

寶貝的一天
- 繪本故事：娜娜的一天
- 創意學習單

班級經營

繪本故事：騎著恐龍來上學

騎著恐龍來上學
- 創意思維：你最想騎著？來上學
- 我最愛的上學交通工具
- 創意學習單
- 故事創作

上學的工具

寶貝的上學工具
- 分組活動

自理能力

洗洗小手兒
- 向腸病毒說不
- 正確洗手5步驟
- 體驗學習：我會正確洗手

大家來刷牙
- 繪本故事：小恐龍拔牙記
- 體驗學習：刷牙

上廁所嘍～
- 吾寶的小便便怎麼了？
- 我會上廁所
- 擦擦小屁股
- 參觀廁所

19

五、本單元的學習指標

編號	活動名稱	相對應的學習能力指標
一	幸福的開學日～	社-小-中-1-6-1　參與節慶活動 社-大-1-6-1　參與節慶活動，體會節慶的意義 美-中-2-2-1　運用各種視覺藝術素材與工具，進行創作
二	寶貝的天使心	語-小-1-5-2　理解故事的角色 語-中-1-5-2　理解故事的角色與情節 情-中-大-1-2-1　從事件脈絡中辨識他人和擬人化物件的情緒 語-中-1-5-3　知道書籍封面有書名，創作者和譯者的名字 情-小-中-大-1-2-2　辨識各種文本中主角的情緒 情-中-大-3-2-2　探究各類文本中主要角色情緒產生的原因 情-小-中-大-4-1-2　處理分離焦慮或害怕的情緒 美-中-2-2-1　運用各種視覺藝術素材與工具，進行創作
三	我的專屬名牌～	語-小-1-4-2　認出代表自己或所屬群體的符號 語-中-大-1-4-2　知道能使用圖像記錄與說明 語-中-大-2-5-2　運用自創圖像符號標示空間物件或記錄行動
四	抱抱	身-小-中-3-1-1　在創意想像的情境展現個人肢體動作的組合與變化 語-中-1-5-3　知道書籍封面有書名，創作者和譯者的名字 語-小-2-6-1　描述故事的主要角色 語-中-2-6-1　描述故事角色間的對話與情節 語-大-2-6-1　說出、畫出或演出敘事文本的不同結局 語-中-1-7-1　認出標示所屬群體的文字 語-中-2-1-1　運用肢體動作表達經驗或故事 美-大-2-2-3　運用哼唱、打擊樂器或身體動作進行創作
五	寶貝的師長	社-小-1-5-1　認出生活環境中常接觸的人事物 社-中-2-3-1　理解自己和互動對象的關係，表現合宜的生活禮儀

編號	活動名稱	相對應的學習能力指標
六	教室之旅～	語-小-1-4-1 覺察生活環境中常見的圖像與符號 語-中-1-4-1 理解符號中的具象物件內容 社-小-2-3-2 聽從成人指示，遵守生活規範 社-中-大-2-3-2 理解生活規範訂定的理由，並調整自己的行動
七	校園探索趣～	社-小-1-5-1 認出生活環境中常接觸的人事物 社-小-中-2-2-3 依據活動的程序與他人共同進行活動 社-小-2-3-2 聽從成人指示，遵守生活規範
八	洗洗小手兒	身-小-2-2-3 熟練日常清潔、衛生與保健的自理行為 社-小-2-1-2 學習日常的生活自理行為
九	大家來刷牙	身-小-2-2-3 熟練日常清潔、衛生與保健的自理行為 語-中-1-5-3 知道書籍封面有書名，創作者和譯者的名字 語-小-2-6-1 描述故事的主要角色 社-小-2-1-2 學習日常的生活自理行為
十	上廁所嘍～	身-小-2-2-3 熟練日常清潔、衛生與保健的自理行為 社-小-2-1-2 學習日常的生活自理行為
十一	寶貝的出席卡	認-小-3-1-1 探索解決問題的可能方法 認-中-3-1-1 參與討論解決問題的可能方法並實際執行 認-大-3-1-1 與同伴討論解決問題的方法，並與他人合作實際執行 語-中-1-5-3 知道書籍封面有書名，創作者和譯者的名字 語-中-2-6-1 描述故事角色間的對話與情節 美-小-2-2-1 把玩各種視覺藝術的素材與工具，進行創作 美-中-2-2-1 運用各種視覺藝術素材與工具，進行創作 美-大-2-2-1 運用各種視覺藝術素材與工具的特性，進行創作

編號	活動名稱	相對應的學習能力指標
十二	大大小小長	認-小-3-1-1　探索解決問題的可能方法 認-中-3-1-1　參與討論解決問題的可能方法並實際執行 認-大-3-1-1　與同伴討論解決問題的方法，並與他人合作實際執行 認-大-3-1-2　與他人共同檢視問題解決的過程
十三	寶貝的一天	語-小-1-5-2　理解故事的角色 語-中-1-5-2　理解故事的角色與情節 語-中-1-5-3　知道書籍封面有書名，創作者和譯者的名字 語-大-2-5-3　運用圖像符號規劃行動 語-小-2-5-2　運用簡單的圖像符號標示或記錄
十四	騎著恐龍來上學～	語-中-1-5-3　知道書籍封面有書名，創作者和譯者的名字 語-大-2-2-4　使用簡單的比喻 語-中-2-2-2　以清晰的口語表達想法 語-大-2-3-1　建構包含事件開端、過程、結局與個人觀點的經驗敘說 語-小-2-5-2　運用簡單的圖像符號標示或記錄 美-中-大-2-1-1　玩索各種藝術媒介，發揮想像並享受自我表現的樂趣
十五	未來想像幼兒園	語-中-大-2-5-2　運用自創圖像符號標示空間物件或記錄行動 認-中-3-1-1　參與討論解決問題的可能方法並實際執行 美-中-大-2-1-1　玩索各種藝術媒介，發揮想像並享受自我表現的樂趣 社-小-2-3-1　在生活情境中學習合宜的人際禮儀

六、課程與教學活動設計實例

活動一：幸福的開學日～

學習資源

　　有機蘋果、乖乖、鮮蔥餅、玉米棒、巧克力、旺仔小饅頭、彩虹筆、書、皇冠、福袋（以上爲十全十美之禮物）、顏色印臺、幸福手印學習單、創作素材。

活動過程

一、開學福氣袋

　➤ 猜一猜？

　　1.老師先拿出一個福氣袋，請幼兒們猜猜看，這是什麼？

　　2.並猜猜裡面有哪些東西。

　➤ 開學見面禮：（十全十美）

　　1.告訴幼兒們，今天是開學日，老師準備了小禮物，要當作開學見面禮送給每一位幼兒喔。

　　2.老師介紹福氣袋裡面物品所代表的意義。

二、滿滿福氣送給你

　➤ 開學典禮。

> 滿滿的祝福：邀請校長、主任及學校師長們，說好話送祝福給每一位寶貝。

> 致贈儀式——請校長親自將這滿滿的福氣袋分贈給每位幼兒。

> 感恩師長：請全體幼兒向師長行感恩禮，謝謝師長們的祝福。

三、享用福氣趣

> 準備工作：將乖乖、鮮蔥餅、玉米棒、巧克力、旺仔小饅頭等五種食材，拆封擺盤。

> 享用福氣美食：全班一起享用代表福氣的食物。

> 收拾整理。

> 經驗分享與發表。

　　↑社-小-中-1-6-1參與節慶活動

　　↑社-大-1-6-1參與節慶活動，體會節慶的意義

四、開學日紀念小手印

> 老師說明手印的紀念意義。

> 老師說明製作方法與流程。

> 分發手印學習單 + 蓋手印（為要永久保存，所以由老師幫忙護貝後，再進行下一個活動）。

> 分發藝術素材進行邊框創作。

> 開學日紀念小手印完工了。

↑學習單上蓋上手印　　　　　↑進行邊框創作

↑開學日紀念手印完工了

↑美-中-2-2-1運用各種視覺藝術素材與工具，進行創作

☛ 活動後回饋

> 就在彼此起落的安撫聲中，我們開始了今天的活動，有幼兒眼尖看到福氣袋的，還會討著想要吃乖乖，那就一定要乖要不能哭，才可以吃到。所以吃，也是可以吸引幼兒的焦點轉移他不安的情緒。當老師介紹福氣袋時，這時候，全班已經沒有人哭了，只剩下有人哽咽問說：「我要帶回家給阿嬤吃」、「我不要哭，你讓我帶回家」。

> 立即性的獎賞實在是很重要，原本只規劃讓幼兒把福氣袋帶回家與家人共同分享，看到幼兒渴望想吃的眼神，我們馬上調整活動（還有多準備食材），讓幼兒當場就可以品嚐，結果全班吃得很開心，有的還聊起來了，瞬間都沒有人有不安、焦慮了。

> 家長們事後的回饋，表示這是一個對幼兒成長階段很難得的禮物，在開學第一天就可以感受到學校的用心，這對邁向親師生三贏更是大大的加分。

> 小藝媽媽在親師聯絡單寫著：「謝謝學校很用心的送給幼兒，這一個超級有紀念意義的大禮，而且還幫忙護貝，謝謝老師們的用心，我會幫他好好的保存。」

活動二：寶貝的天使心

學習資源

　　繪本——《媽媽心·媽媽樹》（國語日報出版社）、塑膠瓦楞片、幼兒個人照或是和家人合照（可事先請家長提供，圖一、圖二）、美勞素材。

✦圖一

✦圖二

學習過程

一、繪本故事——《媽媽心·媽媽樹》

　　➢ 故事內頁第二頁圖像預測：

　　　　1.提問：小寶貝們，請問小蘋果為什麼流眼淚呢？

　　　　2.↓幼兒的發表：

1.害怕　2.怕怪物　3.想媽媽　4.受傷　5.怕花豹　6.媽媽死了 7.媽媽離家出走　8.媽媽不在會害怕

➢ 幸福故事時間：

1. 介紹書名、作者、翻譯及出版社。

2. 老師說故事。

　情-中-大-1-2-1從事件脈絡中辨識他人和擬人化物件的情緒

　語-中-1-5-3知道書籍封面有書名，創作者和譯者的名字

　情-小-中-大4-1-2處理分離焦慮或害怕的情緒

➢ 互動式提問：

提問的題目	幼兒的看見與回答
1. 媽媽在小蘋果的手中寫了什麼字？	・我愛你
2. 媽媽為什麼要做「媽媽心」給小蘋果？	・因為小蘋果不想上學 ・代表媽媽陪著小蘋果去上學
3. 「媽媽心」掛在哪裡？	・教室外面的大樹上
4. 故事中的小蘋果為什麼哭？	・因為想媽媽
5. 小蘋果的「媽媽心」被誰搶走了？為什麼？	・阿志 ・阿志因為沒有媽媽，可以幫他做媽媽心
6. 為什麼樹上會有那麼多「媽媽心」？	・因為每個小朋友的媽媽，也都幫忙自己的小孩做媽媽心
7. 老師和阿志為什麼難過？	・因為他們都沒有媽媽，他們的媽媽都上天堂了
8. 阿志的爸爸在做什麼？阿志為什麼開心？	・做媽媽心 ・因為爸爸幫阿志做媽媽心
9. 有誰像媽媽心一樣關心你？	・老師、黃主任、李主任、校長、爸爸、廚媽
10.故事角色票選 （請幼兒說出故事中的人物，並全班票選你最喜愛的角色）	・小蘋果—13票 ・阿志—1票 ・老師—2票 ・豆豆—0票 ・阿志的爸爸—1票 ・小蘋果的媽媽—12票

↑語-小-1-5-2理解故事的角色

↑語-中-1-5-2理解故事的角色與情節

↑情-小-中-大-1-2-2辨識各種文本中主角的情緒

↑情-中-大-3-2-2探究各類文本中主要角色情緒產生的原因

二、寶貝最愛的天使心

➢ 請幼兒張大心眼認真想一想，每天都是誰在照顧他？來幼兒園讀書，心裡面最想念誰？

➢ 我們今天要把最想念的人，把他變成小天使，讓小天使每天陪小寶貝們一起來幼兒園上課。

➢ 分給每位幼兒一個形狀塑膠瓦楞片、幼兒和照顧者的照片、裝飾用的美勞材料。

➢ 創作天使心：

1. 天使心有二面，一面是幼兒的照片，一面是幼兒最想念的照顧者照片。

2. 開始美化創作寶貝的天使心。

3. 完工了～

↑寶貝的天使心創作中

↑一面是寶貝自己的相片

↑一面是最想念的照顧者照片

↑美-中-2-2-1運用各種視覺藝術素材與工具，進行創作

活動後回饋

➢ 故事中的主角小蘋果，有著上學不安焦慮的情緒，於是媽媽用手帕做了一顆心讓她帶去學校，這跟幼兒的狀況很像，所以延伸天使心的活動，讓幼兒們把最想念的家人帶在身邊，藉此減緩幼兒不安焦慮的情緒。

➢ 從幼兒交回來的個人資料，還有傳給老師的照片，我們發現到一件事，並不是每一位幼兒都由媽媽照顧，有的因為一些家庭因素，是由媽媽以外的長輩在照顧著。為了不要讓一些特殊狀況的幼兒，產生一些不必要的困擾，所以我們把媽媽心改為天使心，代表著每一位照顧幼兒的長輩都是天使。

➢ 很多幼兒剛到幼兒園來就讀時，在開學後的前幾天，也常會因為想媽媽而哭泣，但自從有了這一個天使心之後，幼兒只要想念家人，就把天使心拿起來看一下，因為有家人的支持和陪伴，很快就可以度過開學不適應的階段了。

創意點子大分享

➢ 我們班上的天使心有二種，一種是放在書包，一種是背在胸前。

> 其實有的幼兒並不會有分離焦慮，就把天使心放書包即可。

> 如果比較會有焦慮的，可以把他的天使心，做成可以掛在胸前或是別在衣服上（但是安全上要小心，不要讓長度會勒傷幼兒衍生意外，如果是用別針也請用安全別針）。

> 所謂的天使心只是統稱，如果幼兒的照顧者是阿嬤，那當他在焦慮不安而哭泣時，老師就可以安撫他，請他把「天使阿嬤心」拿來看一下，阿嬤陪他一起來上課啊，所以不用難過，藉此緩和一下他的不安情緒。

> 所以我們班上有好多種天使心，有天使媽媽心、天使爸爸心、天使外婆心等等，不管是哪一種心，都是幼兒最愛最親家人的心，甚至有幼兒的「天使心」，是把整個家族都放進去的，那也沒關係，只要可以陪伴與支持幼兒，度過不安焦慮的開學初期，都是可行的。

　　小○剛上學也是會因為想媽媽而哭泣，尤其是午睡的時候，她就會拿起媽媽心來，邊看邊哭，但是她知道媽媽陪著她，沒多久她就會睡著了，醒來的時候還是很開心的。

　　2至3天後，小○午睡就不會哭了，甚至還可以笑著入睡，因為有媽媽心陪著她～

↑情-小-中-大-4-1-2處理分離焦慮或害怕的情緒

☛天使媽媽心的延伸

　　○哥和小○這二位小寶貝，是我們那學期在開學初，不管是哭的次數、哭的力道，被票選為第一名的。他們二個最可愛的是，還會彼此照顧，小○在哭的時候，○哥還會幫忙拿衛生紙擦眼淚，真的是患難扶持的好友。

　　因為他們二位的分離不安焦慮，真的已經達很高的指數了，所以除了天使心的製作之外，蔡老師又去書局，買了二顆超大的天使媽媽心，中午睡覺要抱著，下課還要放書包帶回去，根據家長描述，晚上睡覺也是抱著，早上再放進書包帶來學校，不到一週，幼兒就可以笑得自然，甚至不用天使媽媽心也可以入睡了。

↑互相扶持的好友

↑每人一顆天使媽媽心

↑超大天使心的陪伴，幼兒有了笑容了

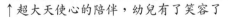

↑情-小-中-大-4-1-2處理分離焦慮或害怕的情緒

活動三：我的專屬名牌～

學習資源

老師事先製作好每一位幼兒的名牌、學習單、繪畫彩筆、膠水或糨糊、壁報紙、幼兒大頭貼照。

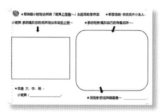

↑中·大班學習單

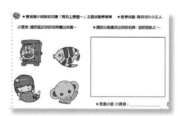

↑小班學習單

教學小撇步

> 在開學前，老師就會事先為每一位新生幼兒，製作屬於他個人專用的名牌。

> 在開學前寄發屬於幼兒個人的名牌給幼兒，讓幼兒能認識自己的專屬名牌。

> 每位幼兒從入學至幼兒園畢業，所使用的名牌都是一樣的。

活動過程

一、寶貝的專屬名牌

> 先介紹每一位幼兒的所屬專用名牌。

> 請幼兒找出自己的所屬名牌。

> 老師事先製作好全班幼兒名牌的簡報，由電視播放（也可連接

單槍播放）。

➤ 老師先舉1至2個幼兒的名牌作爲引導。

➤ 當顯示出哪一位幼兒的名牌時，幼兒需快速喊「賓果——我就是○○○」並站到名牌旁邊來。

➤ 這時候，老師會把正確名牌小主人的名字（圖中以○○○代替）和照片，由簡報透過電視秀出來，藉機讓幼兒們檢核是否正確。

➤ 玩排列遊戲：看誰的名牌圖案跑出來，那位幼兒就要出去按照排列位置排好。

↑介紹每一位幼兒的名牌

↑找出自己的名牌

↑賓果！我是黃○○

↑延伸～排列遊戲

二、我的名牌在哪裡？

➤ 老師先把幼兒的名牌分別貼在壁報紙上。

➤ 每一位幼兒都分給幼兒自己的大頭貼照。

➤ 請幼兒依序把自己的大頭貼照，貼在自己的名牌旁邊。

➢ 檢視＋統整：請幼兒們練習自己檢視所完成的成果。

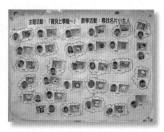

↑ 大頭貼照貼在自己的名　　↑ 名牌＋名牌小主人
　牌旁邊

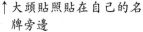
↑語-小-1-4-2認出代表自己或所屬群體的符號

三、創意學習單

➢ 學習單創作：

1. 創意思維：

中大班：找出自己的專屬名牌、設計自己的專屬名牌。

小班：找出自己的專屬名牌。

2. 幼兒進行學習單創作。

3. 學習單作品經驗分享與發表。

➢ 幼兒學習單實例分享。

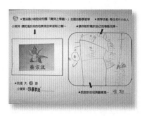

↑語-中-大-1-4-2知道能使用圖像記錄與說明

↑語-中-大-2-5-2運用自創圖像符號標示空間物件或記錄行動

☞ 活動後回饋

> 每一個幼兒都有一張專屬的名牌，上面也有一張專屬的圖案，幼兒只要記住自己專屬名牌的圖案，不管是鞋櫃、餐盒櫃、座位等，幼兒都能把自己的物品就定位放好。我們在一開學時，採用「個人名牌」這個好方法，就可以免去許多開學可能有的混亂狀況，讓開學不再是夢魘。

> 利用簡報再一次引導幼兒認識自己的專屬圖案，也認識屬於別人的名牌，透過這些名牌，很多互相幫助的感人小故事，就從此展開～

活動四：抱抱

☞ 教學資源

　　繪本——《抱抱》（上誼出版社）、音樂CD、小·中班學習單（圖一）、大班學習單（圖二）。

♦ 圖一

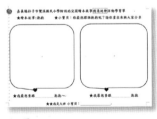

♦ 圖二

☞ 活動過程

一、繪本故事——《抱抱》

> 幸福的故事時間：

1. 介紹書名、作者、翻譯及出版社。
2. 老師說故事。
3. 複述故事：在故事進行中，可穿插互動式的提問，也可配合故事內容，以及故事中出現動物的表情和聲音做創意的延伸。

↑語-中-1-5-3知道書籍封面有書名，創作者和譯者的名字

➤ 大家來演故事：

1. 先討論故事的角色、情節與對話。
2. 請幼兒運用肢體動作演出故事內容。
3. 焦點討論：如果小猩猩沒有找到媽媽，故事結局可能會變怎樣？

↑語-小-2-6-1描述故事的主要角色

↑語-中-2-6-1描述故事角色間的對話與情節

↑語-大-2-6-1說出、畫出或演出敘事文本的不同結局

➤ 語詞遊戲：

1. 認識「抱」這個字。
2. 練習用「抱」造語詞。

↑語-中-1-7-1認出標示所屬群體的文字

二、音樂遊戲：我想抱抱你

➢ 先由「123——木頭人」的遊戲帶入。（圖一）

➢ 配上音樂，讓幼兒自由的走動、伸展與擺動。（圖二）

➢ 音樂繼續進行，身體隨音樂做不同的創意動作，但是當老師吹哨子時，幼兒就要找同學互相抱抱。（圖三、圖四）

➢ 重複進行到音樂結束。

✦ 圖一

✦ 圖二

✦ 圖三

✦ 圖四

↑身-小-中-3-1-1在創意想像的情境展現個人肢體動作的組合與變化

↑美-大-2-2-3運用哼唱、打擊樂器或身體動作進行創作

三、學習單創作：你最想跟誰抱抱？

➢ 引導：請幼兒思維，最想跟誰抱抱呢？

➢ 學習單實作：分大班、中小班，二種版本。

↑ 大班幼兒創作

↑ 中班幼兒創作

↑ 小班幼兒創作

活動後回饋

> 這本繪本內容很淺顯,且透過圖片,讓即使是初上幼兒園的幼兒,都可以深深被吸引,專注的聆聽故事。

> 在活動設計上,先從簡單的123木頭人→音樂＋身體隨意創作→聽指令＋抱抱,不要一開始馬上切進來,循序漸進的學習會讓幼兒更自在更有興趣。

> 而且幼兒剛入園,彼此間都還很陌生,透過繪本所延伸的「抱抱遊戲」,讓幼兒從遊戲中跨出第一步與同儕互動。在開學第三天的時候,帶進這樣的活動,可以增進幼兒之間彼此的親近感,但如果有的幼兒不習慣和同儕這樣的互動,請不要強迫他,就讓他個人配合指令和音樂也是可行的。

活動五：寶貝的師長

學習資源

蒐集師長的照片製作成簡報、將所有師長的照片印出並剪裁好備。

☞活動過程

一、介紹師長

➢ 老師利用事先所製作的簡報，介紹師長們。

➢ 猜猜他是誰：介紹的過程中，可以先用圖形遮住有些師長的眼睛，讓幼兒們猜猜看，他可能是誰？增加活動過程中的樂趣。

➢ 也可以邀請師長親自蒞臨，與幼兒做面對面的互動，並可以開放幼兒提問，讓幼兒更加認識師長。

↑利用簡報介紹師長

↑猜猜她是誰？

↑請師長親自與幼兒互動

↑社-小-1-5-1認出生活環境中常接觸的人事物

二、師生相見歡

➢ 帶幼兒出發去校園尋找師長本尊了。

➢ 當見到師長本尊時：

1.問問幼兒：「請問這一位是誰呢？」

2.請幼兒說出這位師長的稱謂並問好。

　　例如：李主任好～、阿琨叔叔好～

➢ 師生相見歡大合照：一起合影留念。

↑社-中-2-3-1理解自己和互動對象的關係，表現合宜的生活禮儀

三、請問他是誰？

> 將師長的照片列印出來。

> 請幼兒練習來介紹師長，介紹之後，並把照片貼在壁報紙上。

> 等完成之後，可貼在學習區或學習牆，提供幼兒觀賞並加深其記憶。

☛ 活動後回饋

> 剛開學前幾天，有些幼兒也搞不清楚我們三位老師是誰，透過這活動的介紹，幼兒們可以清楚分辨了。透過相片→簡報方式的介紹，幼兒可以更清楚的認識師長，接著又帶著幼兒實際拜訪，幼兒對師長的印象更深刻。

> 如果學校的師長人數很多，在這開學初期，先以常跟幼兒園有互動的為優先，免得太多人，造成幼兒記憶上的混亂。

活動六：教室之旅～

☛ 學習資源

教室內、外的位置牌（圖一）、位置牌的圖片（圖二）。

語文區	益智區
積木區	美勞區

✦ 圖一

✦ 圖二

教學小撇步

> 在這個帶領幼兒探索「教室之旅」的活動，我們分為教室內和教室外，這二部分來進行。
> 老師將教室內外的位置牌，事先列印出並裁割，放入摸彩箱。

活動過程

一、教室內部之旅

> 老師先介紹教室內包含有幼兒的座位、團討區、學習區、茶水櫃、棉被櫃、衛生紙、垃圾桶的擺設位置，以及各學習區等。
> 請幼兒從摸彩箱抽出位置牌。
> 並實際找出來與這位置牌相同的位置。

↑老師先介紹各區域　　　↑請幼兒來抽位置牌

↑請實際找出位置牌所在的位置

↑語-小-1-4-1覺察生活環境中常見的圖像與符號

↑語-中-1-4-1理解符號中的具象物件內容

二、教室外部之旅

➤ 進行教室外面相關位置的認識，例如鞋櫃、餐盒櫃、牙刷櫃、洗手臺、廁所等。

➤ 老師逐一介紹這幾個教室外的位置區，實際帶領幼兒去認識，並指導正確的使用方法。

↑拖鞋櫃區

↑鞋櫃區

↑洗手臺

↑廁所──男生尿尿區

↑語-小-1-4-1覺察生活環境中常見的圖像與符號

↑語-中-1-4-1理解符號中的具象物件內容

三、互動式提問

➤ 老師隨機引導幼兒思維，並請幼兒發表與分享～

　　1.老師提問：

　　　舉例：「想要尿尿的時候，該去哪裡尿尿呢？」

　　　　　　「吃午餐用的餐盒，要送到哪裡去擺放呢？」

　　　　　　「你們的小拖鞋，應該要放在哪裡呢？」……

2. 幼兒回應與發表。

➤ 提問：

1. 問題：「今天我們認識好多教室裡面和外面的位置區，你們還
記得有哪幾個呢？請把它說出來喔。」

「可以說說，這些位置區的使用方法嗎？」

2. 請幼兒發表。

➤ 統整：

1. 老師事先把位置牌先貼在壁報紙上。

2. 分給幼兒有關位置區的圖片。

3. 請幼兒把位置區的圖片貼在位置牌旁邊。

4. 幼兒發表與分享。

↑ 請把位置區的正確照片貼在正確位置牌旁邊

↑ 社-小-2-3-2聽從成人指示，遵守生活規範

↑ 社-中-大-2-3-2理解生活規範訂定的理由，並調整自己的行動

◤活動後回饋

➤ 幼兒園對新生幼兒而言，是一個陌生且沒有家長陪伴的地方，
有些幼兒很容易因此而有焦慮的狀況，師生的互動也還在適應
階段，如果可以讓幼兒熟悉自己未來學習的環境，這對幼兒是

有穩定的加分作用。

➤ 我們也曾經發現，有些新生因為不敢去廁所而憋尿，有些不知道垃圾桶的位置，而把垃圾亂丟，甚至有的新生幼兒總是穿錯別人的鞋子或拿錯別人的用品。

➤ 所以在開學的第1至2天，可以透過前一個活動——我的專屬名牌，搭配這一個活動，讓幼兒可以快速又穩定地度過不安又混亂的開學症候群期。

活動七：校園探索趣～

► 學習資源

將參訪的實際照片列印出來（不用每一張都列印，一個地方選擇一張代表即可）。

► 教學小撇步

這一個活動我們分成二部分進行，有關參觀前的說明和實際參觀，是利用上午進行，在中午時把照片列印並裁切好（我們有2師1保，所以中午等幼兒入睡後，可以有一位負責印製和裁割），等下午再進行認識與配對的活動。如果您的班級人力不夠，也可以隔天再進行第二個活動。

► 活動過程

一、認識校園

➤ 活動前的準備：

　　1.提醒參觀校園該注意的事項：行進的安全、禮貌、遵守規定。

　　2.分組：2人一組，年紀大的牽著年紀小的。

➢ 參觀校園：

1.老師帶著幼兒們實際走遍校園每一個角落，並給予說明和介紹。

2.會進入辦公室、班級教室幫幼兒們做介紹（事先有徵詢班級老師的同意）。

↑ 參觀校園　　　　　　　↑ 介紹老師辦公室

↑ 介紹一年級教室

二、校園參觀回想

➢ 今天去參觀了校園哪些地方？

1.請幼兒分享與發表。

2.老師把幼兒所分享的一一記錄下來。

➢ 配對遊戲：（下午或隔天進行）

1.請幼兒把照片貼在剛剛所發表的正確位置上。（例如：辦公室，則貼上有關辦公室參訪的照片。）

2.驗證與統整：驗證配對是否正確，老師負責統整，再一次加強
　　幼兒對校園的認識。

↑社-小-1-5-1認出生活環境中常接觸的人事物

↑社-小-中-2-2-3依據活動的程序與他人共同進行活動

↑社-小-2-3-2聽從成人指示，遵守生活規範

活動後回饋

➤ 這一次實際帶著幼兒親自去校園探索，幼兒們不僅認識了校園
中許多的人與物，在探索的過程中，幼兒們還發現了蝸牛，也
發現了國小部的教室和我們不一樣。

➤ 對幼兒而言，深入實際的探索與發現，遠比老師口說與介紹來
得印象深刻，在日後的學習活動中，還是要以讓幼兒有實際參
與為優先，這是很重要的。

活動八：洗洗小手兒

學習資源

　　繪本──《我們來洗手！》（三之三出版）。所有簡報的圖片，
可以打關鍵字搜尋「腸病毒」「洗手5步驟」相關訊息，也可上衛生
署疾病管制局網站。

活動過程

一、繪本故事──《我們來洗手！》

➤ 幸福的故事時間：

　　1.介紹書名、作者、翻譯及出版社。

　　2.老師說故事。

3.討論：洗手有什麼用途？

二、向腸病毒說不

> 老師事先製作相關腸病毒衛教簡報（衛生署疾病管制局網站相關資訊很多），內容如下：

1.腸病毒常見的手口足症（搜尋圖片）。

2.腸病毒的感染途徑。

3.什麼時候要洗手？

4.正確洗手5步驟。

5.搭配洗手歌。

6.影片：疫遊記——消滅腸病毒。

三、體驗學習——我會正確洗手

> 分組：每5人一組。

> 實作：每組實際帶到戶外的洗手臺前，請幼兒完成正確洗手的5步驟。

> 幼兒發表與經驗分享。

↑ 正確洗手5步驟——實際體驗學習

↑身-小-2-2-3熟練日常清潔、衛生與保健的自理行為

↑社-小-2-1-2學習日常的生活自理行為

47

☛ 活動後回饋

> 很多新生，因為還沒有學習和養成正確洗手的好習慣，可藉由
> 這活動讓幼兒瞭解正確洗手的方法，並透過落實的執行，讓腸
> 病毒不要找上我們。（我們之前曾經就有慘痛的經驗，而被迫
> 一開學沒多久就停課7天。）

> 利用簡報的模式且透過圖片的介紹，讓幼兒很清楚的瞭解，再
> 加上讓幼兒有實際洗手的體驗練習，更能學習到正確的方法。

> 後記：有幼兒表示當他在家進行洗手5步驟時，阿嬤會說太浪費
> 水了，把手放進水桶洗一下就好，於是我們在親職聯絡單以及
> 班親會和各項活動中，都會跟家長再次宣導這一個概念，並請
> 家長在家也可以配合實施。

活動九：大家來刷牙

☛ 學習資源

繪本——《小恐龍拔牙記》（狗狗出版社）、大型牙齒模型、大
牙刷。

☛ 活動過程

一、繪本故事——《小恐龍拔牙記》

> 幸福的故事時間：

　　1.介紹書名、作者、翻譯及出版社。

　　2.老師說故事。

　　3.討論故事中的角色。

> 老師利用牙齒模型指導幼兒們刷牙的方法。

↑故事──《小恐龍拔牙記》　↑用模型指導幼兒刷牙的方法

↑語-中-1-5-3知道書籍封面有書名，創作者和譯者的名字

↑語-小-2-6-1描述故事的主要角色

二、刷牙嘍～

> 老師指導幼兒牙刷的拿法及刷牙器具的擺放。

> 實際刷牙體驗學習：

　　1. 分組：每6人一組。

　　2. 實作：每組帶到戶外洗手臺前，指導幼兒刷牙的方法。

　　3. 幼兒發表與經驗分享。

↑刷牙實際體驗學習

↑身-小-2-2-3熟練日常清潔、衛生與保健的自理行為

↑社-小-2-1-2學習日常的生活自理行為

活動後回饋

> 幼兒總是被故事吸引的，透過故事的引導與深化，幼兒們更能趨近活動的核心。

> 幼兒們就是喜歡去動手做，透過實際的刷牙體驗學習與指導，幼兒們更能快速的達到學習上的效果。

> 以往牙刷都由學校提供，大家款式都相同，即使貼上姓名貼還是常搞混和拿錯，這一次請每位幼兒自己帶來，幾乎沒有相同款式，所以在找尋自己的器具時就容易多了。

 活動十：上廁所嘍～

學習資源

小內褲、人形布偶。

活動過程

一、吉寶的褲褲怎麼了？

> 老師事先把小褲褲塗上一些花生醬。

> 引導：

1.「小朋友好：吉寶的媽媽昨天打電話給老師，說回家要幫吉寶洗澡時，最近常常發現，吉寶內褲都有沾到像這個黃黃的欸。」

2. 老師把事先塗有花生醬的內褲讓幼兒們看一下。

> 焦點提問：

1. 提問內容：「吉寶的褲褲怎麼了？」

2.幼兒發表與經驗分享。

3.統整。

↓幼兒的發表：

幾乎所有的幼兒都說那是沾到大便，因為吉寶不會擦屁股。

二、我會上廁所

➢ 焦點提問：

1.「要怎麼上廁所？」

2.「男生和女生有什麼不一樣？」

3.幼兒發表與經驗分享。

➢ 擦擦小屁股：

1.利用吉寶人偶指導幼兒正確的擦屁股方法。

2.幼兒發表與經驗分享。

三、參觀廁所

➢ 老師實際帶著幼兒們參觀廁所。

➢ 指導幼兒正確的上廁所方法及禮儀。

↑指導正確擦屁股的方法　　↑實際指導如廁該注意的事項

↑身-小-2-2-3熟練日常清潔、衛生與保健的自理行為

↑社-小-2-1-2學習日常的生活自理行為

51

活動後回饋

➤ 用花生醬塗內褲的點子，還真能吸引幼兒的眼光，每一位都目不轉睛的看，甚至還有怕很臭，而把鼻子摀起來的幼兒。

➤ 透過這樣的引導，其實只是要讓幼兒們可以自發性思考，原來在擦屁股的方面需要多留意，不然就可能跟吉寶一樣。針對不太會擦屁股的幼兒，老師也會適時的給予幫助和指導。

➤ 廁所的禮儀也是我們所看重的，有些幼兒天生大刺刺，上廁所也不敲門，上完也不沖水，藉由故事及活動的引導，讓幼兒從中學習到正確的方式及合宜的方法，這也是很重要的事。

活動十一：寶貝的出席卡

學習資源

　　繪本──《維妮上學嘍》（上人出版社）、塑膠瓦楞片、裝飾用美勞材料。

活動過程

一、繪本故事──《維妮上學嘍》

➤ 老師說故事。

➤ 故事中對話和情節討論。

　　↑語-中-1-5-3知道書籍封面有書名，創作者和譯者的名字

　　↑語-中-2-6-1描述故事角色間的對話與情節

➤ 焦點問題提問：

　　前提：故事中的維妮沒有去讀書，他跑去公園玩。

問題：「在早上小寶貝的入園中，如何可以很清楚的發現，維妮還沒有去上學？」

幼兒提出的看法	幼兒討論後的可行性和結果
1.用算的，看誰還沒來	☑可行，但很麻煩，有時候時間會拖很久
2.看誰的名牌還沒有夾起來	☑可行，但還要去算誰的沒有夾
3.看誰的座位是空的	☑可行，但要一個一個算
4.看誰的座位沒有放書包	☑可行，但要一個一個去檢查
5.看誰的出席卡還沒有翻牌	☑可行，很清楚知道誰沒來
6.看誰的鞋櫃還沒有放鞋子	☑可行，但還要跑到外面去看
7.看誰的餐盒櫃還沒有放餐盒	☑可行，但還要跑到外面去看

➢ 經過討論之後，幼兒們認為雙面 出席卡 的方式，可以很清楚就知道，誰還沒有來學校。

➢ 所以決定製作出席卡～

　↑認-小-3-1-1探索解決問題的可能方法

　↑認-中-3-1-1參與討論解決問題的可能方法並實際執行

　↑認-大-3-1-1與同伴討論解決問題的方法，並與他人合作實際執行

二、製作寶貝的出席卡

➢ 分發材料。

➢ 實作寶貝的出席卡。

➢ 實際練習操作。

➢ 經驗分享與發表。

↑寶貝的出席卡實作中　　↑練習夾出席卡

↑美-小-2-2-1把玩各種視覺藝術的素材與工具，進行創作

↑美-中-2-2-1運用各種視覺藝術素材與工具，進行創作

↑美-大-2-2-1運用各種視覺藝術素材與工具的特性，進行創作

三、出席卡的使用說明

➢ 出席卡有二面，一面是貼有照片，另一面則是運用藝術素材進行人的創作。（圖一、二）

➢ 要放學前，請幼兒把出席卡翻到有貼照片的那一面。（圖三）

➢ 隔天上學時，一進教室就翻到是創意人形的那一面。

➢ 老師看誰的照片還沒被翻牌，就知道哪一位幼兒還沒來了。

例如圖四：老師一看就很清楚知道，有小恩、小善還沒入園，可方便進行聯絡。（圖四）

◆圖一、二　　◆圖三　　　　　　◆圖四

活動後回饋

➤ 問題→解決→實作，幼兒們從故事中發現到了問題：「如何讓老師知道維妮沒有來上學？」也說了7種可以解決的方法，經過討論之後，決定製作「出席卡」，來幫助老師很快的知道誰還沒有來學校。幼兒們可以自己發現問題→自己想方法來解決，真的是很棒的開始～

➤ 這一個出席卡的設計非常的有創意，因為是二面設計，所以老師可以一眼就非常清楚的看到幼兒的大頭照，而瞭解誰還沒有來到學校。

活動十二：大大小小長

學習資源

幼兒的名牌、魔鬼氈、各項長的標牌圖案。

教學小撇步

小班長工作圖卡及底卡製作：

➤ 老師根據幼兒所討論出來的工作項目，搜尋適合的圖檔。

➤ 製作小班長工作圖卡，背部黏魔鬼氈。（圖一）

➤ 依據班上幼兒人數，利用幼兒的名牌製作大大小小長的底卡。（圖二）

✦圖一

✦圖二

● 活動過程

一、焦點問題提問

> 前提：在良好的班級經營中，會提供幼兒許多學習與服務的機會，本班也設有小班長的工作制度。

> 提問：「有關新的學期，請小寶貝們想想看，我們在班上需要哪些小班長？」

> 幼兒發表與討論：

幼兒提出的看法	幼兒討論後，決定的需要性和工作要項
1. 洗手長	○需要→檢查水有沒有關好
2. 牛奶長	○需要→協助分牛奶
3. 牙刷長	○需要→檢查牙刷和漱口杯是否有放好
4. 漱口長	×不需要
5. 關燈長	○需要→節約用電
6. 吃飯長	×不需要→自己認真吃飯，不需要別人幫忙
7. 路隊長	○需要→帶路隊
8. 點心長	○需要→分點心
9. 回收長	○需要→資源回收
10. 拖鞋長	×不需要→因為大家自己都有放好，所以不需要
11. 椅子長	○需要→幫忙檢查椅子有沒有靠好
12. 掃地長	○需要→用小掃把組協助清潔工作
13. 開水長	○需要→協助把各組茶杯托盤拿出來

> 幼兒們說了13個項目，經過討論之後決定了10個項目。

> 所以班上需要10項工作項目的小班長。

二、選班長囉～

> 每天的晨光時間，老師就會進行小班長工作的選派。（圖一）

➢ 依照幼兒名牌的排列順序，讓幼兒選擇小班長的工作項目。
（圖二）

○圈的就是路隊長，貼在紅色魔鬼氈那行上面，是照輪流的，不開放讓幼兒個人選擇。其他的長，則可以依幼兒的喜愛自行選擇。

◆圖一　　　◆圖二

↑認-小-3-1-1探索解決問題的可能方法

↑認-中-3-1-1參與討論解決問題的可能方法並實際執

↑認-大-3-1-1與同伴討論解決問題的方法，並與他人合作實際執行

↑認-大-3-1-2與他人共同檢視問題解決的過程

◆ 大大小小長選拔方式補充說明

➢ 在每位幼兒名牌的旁邊會貼有紅色和黃色的魔鬼氈。

➢ 路隊長的擔任，沒有開放幼兒自選，是按照1號幼兒到30號幼兒一直輪流下去。

➢ 當天輪到擔任路隊長的幼兒，老師會把路隊長牌貼在他名字旁邊的紅色魔鬼氈上。

➢ 有時候會剛好幼兒輪到擔任路隊長，但又輪到可以選擇其他小班長，所以當天會有2個工作機會，因此魔鬼氈設置有2種，就是因應這樣情況而有的機制。

➢ 路隊長選定之後，其他的工作則由輪到的幼兒任選，我們把幼兒所選的工作項目，貼在他名牌旁邊的黃色魔鬼氈上。

活動後回饋

➢ 之前班上也有小班長的制度，但是我們發現到，有時候老師在選派上，常會造成不公平，導致有些幼兒常常擔任，有些可能被遺漏而不太有機會可以被選到。

➢ 因此我們討論並修正，採用輪流的方式，讓人人都有公平的機會，也不會因為老師的疏忽而造成不公平的狀況產生。

➢ 想當什麼長，自己討論，自己決定，只要理由可以，能夠說服大家，都可以採用～今天引導幼兒自己去思維，班上需要什麼長，幼兒發表之後，請幼兒說出理由，大家澄清思辨，經過一番的童言童語之後，終於決定了我們需要的這10個長～

➢ 覺得在幼兒園中，不需要凡事都由老師決定，幼兒才是學習的主體，從看見問題→討論→澄清思辨→結果，老師只需要在旁觀察、支持，偶而介入一下，幼兒潛在的能力就出來了，又跨出一步了……真的很棒。

活動十三：寶貝的一天

學習資源

　　繪本——《娜娜的一天》（道聲出版社）、自製萬年曆（圖一）、活動圖像（圖二）、活動計畫表（圖三）、小班學習單（圖四）、中・大班學習單（圖五）。

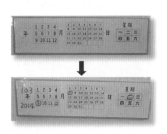

✦圖一

♦ 圖二

♦ 圖三

♦ 圖四

♦ 圖五

教學小撇步

➤ 萬年曆（圖二）的製作方法，一年有12個月、31天，以及星期一～日，都事先設定好，只要在年的地方填上年份數字即可，有關月、日和星期，則用圈選的即可。

➤ 有關活動圖像（背後用泡棉黏上磁鐵），有些是空白的，例如：主題活動、分組活動、體能活動等，那是老師可以視當天活動作機動的填寫。

➤ 活動計畫表依格用泡棉黏上磁鐵，活動圖像就可以黏上去了。但是在黏的時候，請注意磁性的二極特性，免得有時貼不上去。

活動過程

一、繪本故事——《娜娜的一天》

➤ 幸福的故事時間：

1.介紹書名、作者、翻譯及出版社。

2.老師說故事。

3.討論故事中的角色有哪些。

➢ 焦點問題提問：

題目：「故事中的娜娜在一天中，做了哪些事情？」

➢ 幼兒分享與發表。

↑語-小-1-5-2理解故事的角色

↑語-中-1-5-2理解故事的角色與情節

↑語-中-1-5-3知道書籍封面有書名，創作者和譯者的名字

二、小寶貝的一天工作計畫

➢ 分組活動：分蘋果組和星星組。

➢ 請二組幼兒自己去討論，練習規劃自己一天的工作計畫。

↓幼兒的發表：

1. 蘋果組：
媽媽叫起床→在家看電視→吃早餐→上學→畫圖→踢足球→喝牛奶→學習區→吃飯→刷牙→睡覺→玩玩具→吃點心→等放學

2. 星星組：
趕快起床→吃早餐→上學→畫畫→學習區（要玩很久）→主題活動（吹泡泡）→遊樂場→喝牛奶→玩顏料→洗手→吃飯→刷牙→睡午覺→玩桌遊→吃點心→放學

三、寶貝的一天

➢ 老師介紹各項活動圖像所代表的意義。

（圖一）

➢ 接著介紹今天是中華民國103年9月8日星期二。（圖二、圖三）

✦圖一

➤ 利用老師與幼兒用圖像共同規劃今天的工作計畫。（圖四～圖七）

✦ 圖二

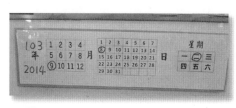

✦ 圖三

✦ 圖四

✦ 圖五

✦ 圖六

✦ 圖七

↑語-大-2-5-3運用圖像符號規劃行動

↑語-小-2-5-2運用簡單的圖像符號標示或記錄

四、創意學習單

➤ 學習單分有二種：

1. 小班：請幼兒畫出最喜歡的活動。（圖一）

2. 中、大班：一位大班和一位中班，2人一組，學習單設計有12
格，運用這12格練習規劃一天的工作計畫。（圖二）

> 分享與發表。

> 大班小璇和小霏的工作計畫：（圖三）

起床準備上學→背書包到學校→把鞋子放在鞋櫃→玩積木→部件教學→喝牛奶→角落時間→健康操→看影片→吃午餐→睡午覺→放學回家嘍

✦ 圖一　　　　✦ 圖二　　　　✦ 圖三

☛ 活動後回饋

> 選用繪本《娜娜的一天》，主要是透過故事中的內容與情境，讓幼兒瞭解娜娜在一天中，做了哪些事情，進而引導幼兒想想，自己在學校一天做了哪些事情。

> 這一次採小組討論，主要是想瞭解幼兒是否有不同的規劃和看法，因為剛開學不久，新生較多，在團討上仍須有舊生的帶領，下一次可以分成更多組別，更可以看到幼兒不同的想法。

> 幼兒經常會問說：「老師，我們今天要做什麼？有要踢足球嗎？有要去社區嗎？……」幼兒們才是學習的主體，如果讓幼兒清楚知道今天的工作計畫，幼兒就可以很安穩的接續每一個學習活動，這對學習是有加分的效果。

> 會運用圖像符號來規劃一天的行動，主要是幼兒們的識字量還不夠，如果都是用文字呈現，對有些識字量不夠的幼兒而言，

也是無意義的，所以改採圖像符號呈現。

➤ 這一個活動的相關教具，也擺放在益智區，提供給幼兒們可以有自發性的學習機會。

活動十四：騎著恐龍來上學～

🔹 學習資源

繪本──《騎著恐龍去上學》（愛智出版社）、學習單、蠟筆。

🔹 活動過程

一、繪本故事──《騎著恐龍去上學》

➤ 故事名稱創意思維：「騎著？來上學」。

➤ 幸福的故事時間：

1. 介紹書名、作者、翻譯及出版社。

2. 老師說故事。

↑語-中-1-5-3知道書籍封面有書名，創作者和譯者的名字

↑語-大-2-2-4使用簡單的比喻

二、創意學習單

提問：「你最想騎著什麼去上學？為什麼？」

➤ 學習單實作：

1. 小霏：我想要騎小綿羊去上學，因為很溫暖。（圖一）

2. 小辰：我想要騎噴射機去上學，因為很快就到了。（圖二）

➢ 發表與分享。（圖三）

✦圖一　　　　✦圖二　　　　✦圖三

↑語-中-2-2-2以清晰的口語表達想法

幼兒反應

1. 幼兒在分享「你最想用什麼方式來上學？」的經驗時，顯得非常有興趣與投入，連小班的幼兒也主動頻頻舉手分享。

2. 有的幼兒分享第一層次的回答之後，老師在進入第二層次，大部分幼兒可以聚焦回應問題。

　　例如：「你最想用什麼方式來上學？」→「開跑車」→？→「因為可以很快到學校。」

三、寶貝的上學交通工具

➢ 提問：

1. 「小寶貝：請問你是使用什麼交通工具上學的？」

2. 幼兒經驗分享與發表。

➢ 請問你是使用什麼交通工具上學的？

1. 老師事先製作「小寶貝：請問你是使用什麼交通工具上學的？」經驗圖表（交通工具的種類以幼兒常見的為主，由幼兒票選10個貼上）。

2. 請幼兒在自己所屬的上學交通工具那一格子中，蓋上自己的姓

名章。（圖一、圖二）

3.統整並統計。（圖三、圖四）

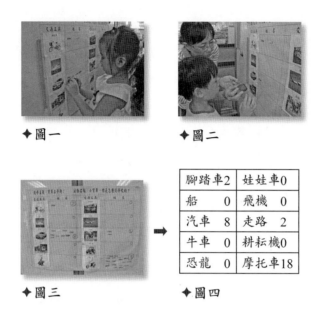

◆圖一　　　　　◆圖二

腳踏車2	娃娃車0
船　0	飛機　0
汽車　8	走路　2
牛車　0	耕耘機0
恐龍　0	摩托車18

◆圖三　　　　　◆圖四

↑語-小-2-5-2運用簡單的圖像符號標示或記錄

四、分組活動：分二組活動

➢ 建構區：最喜歡的上學交通工具。（圖一、圖二、圖三）

➢ 語文區：故事創作（圖四）

　1.請幼兒就路上所看到的物像，做創意延伸，建構一個新的故事。

　2.先鼓勵大班幼兒嘗試，引導幼兒想想看，在要上學的途中，看過哪些人、事、物，畫出來之後，再引導幼兒去建構創新一個新故事。

➢ 分享與發表。

✦ 圖一　　　　　✦ 圖二

✦ 圖三　　　　　✦ 圖四

↑美-中-大-2-1-1玩索各種藝術媒介，發揮想像並享受自我表現的樂趣

↑語-大-2-3-1建構包含事件開端、過程、結局與個人觀點的經驗敘說

● 活動後回饋

➢ 選這本故事繪本，主要是想藉機讓幼兒可以從中去創意思維，是否還有其他可以用來上學的方式，這就是創意～

➢ 透過這故事情境，要帶入下一個教學活動，引導幼兒學會去觀察，自己上學的途中，會遇到哪些人事物呢？

➢ 有關老師提問的問句和技巧真的是很重要：

1. 當老師問：「小寶貝，你是怎麼來上學的？」結果，發現到一件有趣的事，有些幼兒們回答不是聚焦在交通工具上，而是聚焦在人，例如：「我媽媽載我來的」、「跟哥哥姊姊一起來」……。

2. 問句改成「小寶貝：請問你是使用什麼交通工具上學的？」這

時候幼兒就比較清楚，可以對焦了，甚至好多位幼兒的回答還以人物加上交通工具，超明確的。例如：「我是外公開汽車載我來學校的。」所以老師提問的方式和技巧，真的是很重要。

活動十五：未來想像幼兒園

● 學習資源

創意組合積木、顏色壁報紙（全開、4開）。

● 活動過程

一、未來想像幼兒園的萌起→架構

➤ 焦點問題提問：

1. 問題：「親愛的小寶貝：請你動動腦想想看，如果有人請你設計一所，未來想像中的幼兒園，你要怎麼設計呢？例如：門要用什麼的造型？教室裡面需要有哪些設備？等等。」

2. 請幼兒實際把上述的想像創意畫出來。（圖一）

3. 分享與發表。

✦圖一

✦圖二

➤ 統整活動：

1. 老師就幼兒們所分享的做分類與歸納。（圖二）

2.統整：經討論之後，分為有外觀、內部設備、交通工具（接送幼兒）、點心、課程、特殊設備、校內的人等7部分。

↓幼兒的發表：

- ·外觀：要有 愛心城堡 和 一般城堡 的樣子
- ·園內設備： 溫暖的太陽 、 階梯 、 水池 、 小綿羊的家 、 火車軌道 、 山洞 、 溜滑梯 、 花園 （要有蝸牛）
- ·交通工具： 火箭 、 戰車 （用來接送幼兒）
- ·點心： 熱狗 、 牛奶
- ·課程： 部件 、 健康操 、 水火箭
- ·特殊設備： 高級床 （午睡可以按摩的）、 夾娃娃機
- ·校內的人： 小朋友 、 老師 、 校長 、 廚媽阿姨 、 替代役哥哥

➤ 完成了未來想像幼兒園的設計圖了。（圖三、圖四）

✦圖三

✦圖四

↑認-中-3-1-1參與討論解決問題的可能方法並實際執行

↑語-中-大-2-5-2運用自創圖像符號標示空間物件或記錄行動

二、未來想像幼兒園的產出

➤ 設計圖的產出：

1.幼兒2-3人成1組，討論→設計→產出。（圖一、圖二）

2.設計圖分享與發表。（圖三、圖四）

✦圖一

✦圖二

✦圖三

✦圖四

➢ 學校實品的產出：

1.幼兒依據自己所設計的設計圖，利用組合積木完成實品屋。

（圖五、圖六）

2.學校實品屋的分享與發表。（圖七、圖八）

✦圖五

✦圖六

✦圖七

✦圖八

↑美-中-大-2-1-1玩索各種藝術媒介，發揮想像並享受自我表現的樂趣

三、主題活動成果

➤ 活動成果欣賞：

1.準備工作：主題的相關活動照片，事先製作成簡報和影片。

2.成果欣賞：全班一起共同欣賞這個主題的成果。

➤ 幼兒經驗分享與發表。

社-小-2-3-1在生活情境中學習合宜的人際禮儀

☛ 活動後回饋

➤ 未來想像幼兒園是「寶貝上學趣」這主題的最後一個活動，開學一個多月了，幼兒們也漸漸累積許多學習上的多元能力了，在團討上，幼兒們的深入探索讓老師吃驚。

➤ 在活動設計之初，我們想到的是，幼兒應該都只會著重在學校的外觀上做討論，會喜歡城堡的模式，是我們早就預料到的，但是幼兒讓我們看見，他們不僅在外觀上能深入，竟然還可以有內部設備、交通工具（接送幼兒）、點心、課程、特殊設備、校內的人等的產出，真是驚艷！

➤ 尤其幼兒們從討論→設計→設計產出→分享發表→修正→學校實品產出，這一個過程都是由幼兒自己自發性從中去操作與嘗試，真的是應驗「老師放手之後，幼兒的能力就將被看到」這一句話。

實例：小霏、小璇、小萱→3人小組

1.第一天　設計圖產出：討論→設計→產出→發表

2.第二天　學校實品屋的產出

第三篇

幼兒園階段課程與
教學設計實務（二）

課程與教學名稱
超級寶貝～

一、課程與教學設計理念

在「寶貝上學趣」之後，接續這一個主題活動，最主要是期望經由這系列活動，可以幫助幼兒更多的認識自己，並透過一些學習活動，可以調整或改變自己原有的不好習氣。在課程一開始，老師先設定了一些可能會進行的活動，但當課程進行中，幼兒提出許多的看法，讓課程漸漸趨向師生共構的模式，經由幼兒的參與、提問，讓課程的豐富度更多元，也更具完整性。

二、課程與教學設計主題概念網

課程一開始，藉由認識自己為出發點，從出生、生日、姓名、我的最愛等；接續再利用五味太郎《身體的各位》這繪本，引導幼兒認識自己的身體及其他各部位、身高等；最後引導幼兒認識自己的優點，可以更喜歡自己。

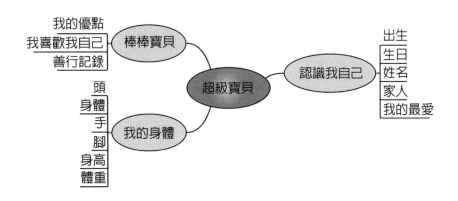

三、課程與教學設計主題活動事後網

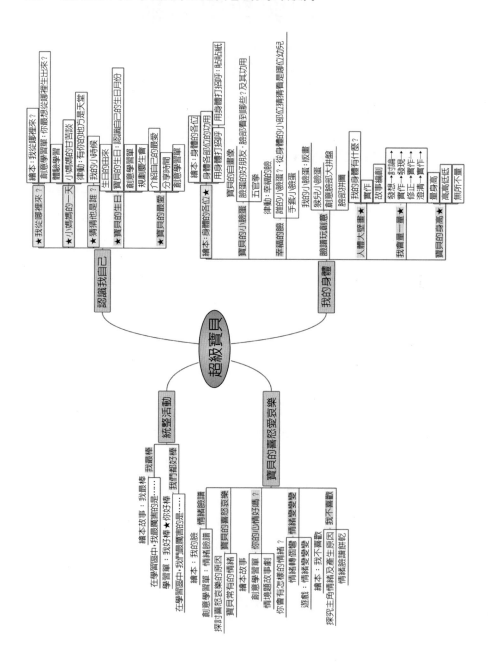

四、本單元的學習指標

編號	活動名稱	相對應的學習能力指標
一	我從哪裡來？	語-中-1-5-3　知道書籍封面有書名，創作者和譯者的名字 語-中-大2-2-3　在團體互動情境中開啓話題依照輪次說話並延續對話 語-中-大-1-4-2　知道能使用圖像記錄與說明
二	小媽媽的一天	社-大-2-1-3　適時調整自己的想法與行動嘗試完成規劃的目標 美-小-中-大-1-1-1　探索生活環境中事物的美，體驗各種美感經驗 社-小-中-大-3-2-3　尊重與自己不同性別、年齡、身心狀態的人 美-小-2-2-3　以哼唱、打擊樂器或身體動作模仿聽到的旋律或節奏 身-小-3-1-1　在創意想像的情境展現個人肢體動作的組合與變化
三	猜猜他是誰？	社-中-2-2-1　表達自己並願意聆聽他人想法 社-小-中-2-2-3　依據活動的程序與他人共同進行活動
四	寶貝的生日	社-小-中-大-3-2-2　尊敬長輩，喜愛與感謝家人 認-中-大-1-1-1　認識數字符號 認-大-1-1-4　運用數字符號記錄生活環境中的訊息 認-大-3-1-1　與同伴討論解決問題的方法，並與他人合作實際執行 認-大-3-1-2　與他人共同檢視問題解決的過程 身-中-大-2-2-3　使用清潔工具清理環境 社-小-2-3-1　在生活情境中學習合宜的人際禮儀
五	寶貝的最愛～	語-大-2-2-1　適當使用音量、聲調和肢體語言 語-大-2-2-2　針對談話內容表達疑問或看法
六	身體的各位	語-中-1-5-3　知道書籍封面有書名，創作者和譯者的名字 語-中-2-2-3　在團體互動情境中開啓話題依照輪次說話並延續對話 身-中-大-2-1-1　在合作遊戲的情境中練習動作的協調與敏捷 社-小-中-大-3-1-3　保護自己 認-小-中-1-3-2　以圖像記錄生活物件的特徵 認-大-1-3-2　以符號記錄生活物件的特徵

77

編號	活動名稱	相對應的學習能力指標
七	寶貝的小臉蛋	社-小-1-1-1　覺察自己的身體特徵 社-中-1-1-1　覺察自己的外型和性別 身-小-2-1-2　遵守安全活動的原則 社-大-2-3-3　與他人共同訂定活動規則，遵守共同協議
八	幸福的臉	美-小-2-2-3　以哼唱、打擊樂器或身體動作模仿聽到的旋律或節奏 身-小-3-1-1　在創意想像的情境展現個人肢體動作的組合與變化 社-大-1-1-1　辨認自己與他人在身體特徵與性別的異同 語-大-2-7-1　在扮演情境中依據角色的特質說話與互動 語-小-中-大-1-1-2　理解團體互動中輪流說話的規則
九	臉譜玩創意	美-大-2-2-1　運用各種視覺藝術素材與工具的特性，進行創作 社-小-2-3-2　聽從成人指示，遵守生活規範 美-中-大-2-2-2　運用線條、形狀或色彩，進行創作
十	人體大壁畫	社-小-1-1-1　覺察自己的身體特徵 社-小-中-2-2-3　依據活動的程序與他人共同進行活動 認-中-3-1-1　參與討論解決問題的可能方法並實際執行 認-大-3-1-1　與同伴討論解決問題的方法，並與他人合作實際執行 語-中-2-7-1　編創情節連貫的故事
十一	我會量一量	認-大-1-1-7　運用標準單位測量自然現象或文化產物特徵的訊息 認-大-3-1-1　與同伴討論解決問題的方法，並與他人合作實際執行
十二	寶貝的身高	認-中-大-2-1-1　依據序列整理自然現象或文化產物的數學訊息
十三	情緒臉譜～	語-中-1-5-3　知道書籍封面有書名，創作者和譯者的名字 情-小-1-1-1　知道自己常出現的正負向情緒
十四	寶貝的喜怒哀樂	情-幼-3-1-1　知道自己情緒出現的原因 情-小-1-1-2　知道自己的同一種情緒存在著兩種程度上的差異

編號	活動名稱	相對應的學習能力指標
十五	你的心情好嗎？	語-中-2-2-2　以清晰的口語表達想法 語-中-2-6-1　描述故事角色間的對話與情節 語-中-1-5-3　知道書籍封面有書名，創作者和譯者的名字 語-大-1-5-3　辨認與欣賞創作者的圖像細節與風格 情-中-大-1-1-1　辨認自己常出現的複雜情緒 情-中-大-3-1-2　知道自己在同一事件中產生多種情緒的原因
十六	情緒變變變	情-中-1-1-3　辨識自己在同一事件中存在著多種情緒 情-中-大-4-1-1　運用等待或改變想法的策略調節自己的情緒
十七	我不喜歡	情-小-中-大-1-2-2　辨識各種文本中主角的情緒 情-中-大-3-2-2　探究各類文本中主要角色情緒產生的原因 社-小-中-3-1-1　自己能做的事情自己做 身-中-大-2-2-3　使用清潔工具清理環境 社-中-大-3-2-1　主動關懷並樂於與他人分享
十八	我最棒	語-中-1-6-1　知道各種文化有不同的書面文字 語-小-2-4-1　描述圖片的細節 社-中-3-1-2　欣賞自己的長處，喜歡自己完成的工作
十九	我們都好棒～「超級寶貝」主題活動成果展	社-小-2-3-1　在生活情境中學習合宜的人際禮儀 語-中-2-3-1　敘說時表達對某項經驗的觀點或感受 社-大-2-2-3　考量自己與他人的能力和興趣，和他人分工合作

五、課程與教學設計活動實例

活動一：我從哪裡來？

☛ 學習資源

　　繪本——《我從哪裡來》（漢湘文化出版）、大班學習單（圖一）、中小班學習單（圖二）。

◆ 圖一　　　　　　　　◆ 圖二

活動過程

一、繪本故事——《我從哪裡來》

➤ 幸福故事時間：

1. 介紹書名、作者、翻譯及出版社。

2. 老師說故事。

3. 老師就繪本故事內容與幼兒做互動式提問與扮演。

↑老師說故事　　　↑互動式提問與扮演遊戲

↑語-中-1-5-3知道書籍封面有書名，創作者和譯者的名字

↑語-中-大2-2-3在團體互動情境中開啟話題依照輪次說話並延續對話

二、創意學習單創作

➤ 創意思維：你想從哪裡生出來？除了媽媽的肚子，你最想從哪裡生出來？

➤ 幼兒進行學習單創作。

➤ 收拾與整理。

> 幼兒創作經驗與作品成果分享。

↑大班小翼作品　　↑中班小程作品　　　↑小班欣恩作品

↑語-中-大-1-4-2知道能使用圖像記錄與說明

活動二：小媽媽的一天

☞學習資源

直徑15-20公分的軟球或是沙灘球。

☞活動緣由

> 在上一個活動中，幼兒們在扮演區，對扮演媽媽這角色很有興趣的，甚至還說：「我也好想當媽媽喔，也想生一個小baby」。

> 延續這一個活動，讓幼兒實際體驗當媽媽的感受。

☞活動過程

一、小媽媽的一天體驗學習

> 小媽媽的肚子：

　1.觀察：媽媽懷孕的肚子是什麼樣子？

　2.討論：如何裝扮成懷孕大肚子的模樣？

　3.幼兒經驗發表與分享。

➤ 小媽媽的裝扮：

1. 每一位幼兒分發一粒軟球，還可以順道玩一下球與身體的遊戲（視幼兒的穿著分發大小適合的球）。

2. 依照幼兒討論的決策方式，把球放進衣服裡面假扮懷孕模樣。

3. 請幼兒把球調整在適合的位置。

4. 小媽媽完成了～

↑分球→玩球→裝球→調整姿勢→小媽媽完成了

↑社-大-2-1-3適時調整自己的想法與行動嘗試完成規劃的目標

➤ 體驗學習：

1. 老師：這球就像是小baby一樣，所以你要好好保護他喔。不管是上課、遊戲、吃飯和睡覺都要好好把他照顧好喔～

2. 請幼兒提出是否對體驗學習有疑問或是不清楚的地方，老師可以加以澄清或是說明。

3. 正式開始體驗當小媽媽，直到放學回家後·球才可以拿下來，
至於球，就送給每一位小媽媽嘍～

↑走路

↑如廁、刷牙與洗手

↑午睡

↑放學

↑美-小-中-大-1-1-1探索生活環境中事物的美，體驗各種美感經驗

二、小媽媽的甘苦談

（這是第二天的活動了）

➤ 討論：

1. 小baby放在肚子裡面的感受？

2. 小baby生出來之後的感受？

3. 超級想要跟媽媽說的話～

↓幼兒經驗分享與發表：

「小媽媽的一天」體驗學習		
小baby在肚子裡面的感受	生出來之後的感受	超級想要跟媽媽說的話
1. 覺得很熱 2. 有時會痛 （球滾來滾去） 3. 很癢 4. 不好睡午覺 5. 不舒服 6. 感覺怪怪 （怕球滾出來） 7. 吃東西不方便 8. 上廁所不方便 9. 很想趕快把孩子生出來 10.怕球會破掉 11.感覺肚子黏黏的	1. 很輕鬆 2. 很涼 3. 覺得肚子好舒服 4. 做事情很方便 5. 感覺肚子突然空空了 6. 吃東西很方便，很想要大吃	1. 媽媽我愛你 2. 想要親親媽媽 3. 謝謝媽媽 4. 媽媽您辛苦了 5. 想要抱一抱媽媽 6. 我要當乖寶寶 7. 我會幫忙做家事 8. 不要再讓媽媽生氣了 9. 我要當媽媽的心肝寶貝 10.我超級超級愛我的媽媽

↑社-小-中-大-3-2-3尊重與自己不同性別、年齡、身心狀態的人

三、律動：有你的地方是天堂

➤ 模仿老師所帶動的動作。

➤ 隨著音樂展現個人肢體動作的創意與變化。

↑美-小-2-2-3以哼唱、打擊樂器或身體動作模仿聽到的旋律或節奏

↑身-小-3-1-1在創意想像的情境展現個人肢體動作的組合與變化

☛教學後回饋

➤ 這一個活動主要是讓幼兒體會媽媽懷孕的辛苦，當初在備課時，討論到網路上有人用氣球、雞蛋，還有娃娃等等，氣球容易破掉會驚嚇幼兒、雞蛋對幼兒的挑戰實在是高難度，經討論之後，我們決定用沙灘軟球，主要是它的彈性好且不會爆破，活動之後仍可以繼續利用。

➤ 幼兒在體驗學習上，不管是上課、睡覺、吃飯、如廁、走路
等，真的是配合度超高的，也發現到有些幼兒，甚至會對著
肚子撫摸並說話，經詢問之後，幼兒們表示曾經看過媽媽這樣
做。下一次如再進行這活動，我們打算加進「你想對寶寶說什
麼樣的話？」，進一步深化引導幼兒學習關懷與祝福。

活動三：猜猜他是誰？

● 學習資源

事先蒐集幼兒小時候的照片每人2張（一張1歲以內，一張1-2
歲）。

● 活動過程

一、猜猜他是誰？

➤ 老師把家長提供小朋友小時候的照片，事先做成簡報模式。

➤ 螢幕秀出幼兒小時候的照片。

➤ 老師可以從照片中的蛛絲馬跡，做創意的提問，請大家猜猜看
這是誰。

➤ 如果幼兒猜測的對象，和照片中實際的人物，不管相同或是有
所不同，都請幼兒提出理由，作為支持說明他們的看法。

➤ 最後，教師再公布照片中正確的人物姓名～

➤ 經過幼兒的觀察與交叉比對之後，請照片中的正確人物出來介
紹一下自己。

　1.我的姓名。

　2.如果有家人同拍照，介紹一下家人的稱謂，或是知道照片中的
　　場景及照片內容，也可以分享。

二、活動實例分享

➤ 活動實例經驗分享一：

老師：哇！好可愛喔～請問這小朋友是誰啊？（圖一）

✦ 圖一

幼兒：⋯⋯（一片寂靜）

老師：他的眼睛很像我們班上的誰啊？

幼兒：侯○壬。

老師：我們請○壬出來一下喔，看看是不是喔！（圖二）

✦ 圖二

幼兒：可是他們的眼睛不太像欸，○壬的眼睛比較大、照片的嘴巴比較翹翹的。

老師：那這照片中小寶貝的嘴巴，你們覺得笑起來跟誰很像呢？

✦ 圖三

幼兒：侯○翔。

老師：請○翔來前面，我們來看看一下，是不是真的是○翔？（圖三）

✦ 圖四

幼兒：真的有像，眼睛也一樣是小小的，不笑的時候嘴巴不像，笑起來的時候才有像。

老師：我們來看另外一張照片，看是不是真的是○翔小時候。

幼兒：哇！他們笑起來好像喔⋯⋯眼睛和嘴巴都是一樣欸⋯⋯（圖四）

老師：賓果！這照片眞的是○翔小時候。

○翔：我叫侯○翔，我是大班，我最喜歡玩遙控汽車，謝謝大家。

➤ 活動實例經驗分享二：

老師：這位小妹妹好可愛喔～小朋友，請猜猜看，她是誰呀？（圖一）

✦ 圖一

幼兒：跟美女好像喔！（美女是○薰的外號）

老師：你從哪邊看出來？

幼兒：眼睛和頭有像。

老師：眼睛有像，都是圓圓大大的，我們再看另外一張照片。（圖二）

幼兒：是美女啦。

✦ 圖二

老師：爲什麼？你從哪裡看出來？

老師：我們請美女出來一下……

幼兒：她們的手都是胖胖的，我們班上沒有人的手是胖胖的，所以一定是美女。

老師：除了手有像之外，還有哪裡呢？

幼兒：她們的臉都很像。

美女：這照片是我小時候，爸爸的手機裡面有這照片，爸爸有拿給我看過。

老師：答對了！這是美女小時候的照片。

美女：我的名字是侯○薰，我是姊姊，侯○恩是弟弟，他還小

不能讀書，媽媽說侯○恩長大就可以來了。

↑社-中-2-2-1表達自己並願意聆聽他人想法

↑社-小-中-2-2-3依據活動的程序與他人共同進行活動

◆ 教學後回饋

> 現在有LINE真的是很方便，群組訊息一發布，請家長個別傳給老師，很快照片就會一直進來了。

> 但是班上有二位家長沒有使用LINE，這時候要記得個別通知。

> 透過能力較好的小朋友進行同儕之間的語言鷹架：

1. 年紀比較大又語言發表能力比較好的幼兒，讓他的發表順序排在前面一點。

2. 透過他的發表，可以作為其他幼兒的參考，且透過能力較佳的小朋友還可以引發更多的討論，這就是「語言鷹架」。

活動四：寶貝的生日

◆ 學習資源

慶生會的照片、生日的由來（老師蒐集相關資訊、事先製作成教學簡報）、1-12月份生日年表（圖一）、幼兒的大頭貼照、創意學習單（圖二、圖三）。

✦ 圖一

✦ 圖二

✦ 圖三

◆ 活動過程

一、生日的由來

> 利用慶生會的照片引起動機。

> 提問：請問這照片中的人是在做什麼？（圖一）

✦ 圖一

> 討論與發表：

　1.什麼是生日？

　2.為什麼要過生日？

> 請幼兒分享與發表。

> 老師透過簡報，介紹生日的由來、包含帶進媽媽懷孕10個月肚子的變化及辛

✦ 圖二

勞，以及引導幼兒學習，對媽媽展現感恩與關懷的行動。

（圖二）

↑社-小-中-大-3-2-2尊敬長輩，喜愛與感謝家人

二、寶貝的生日

> 老師事先完成──寶貝生日1-12月份底圖。

> 提問：知道自己的生日是在幾月嗎？

> 請幼兒發表，如果幼兒不知道自己的生日月份，則請老師提醒幼兒自己的生日月份。

> 老師介紹1-12月生日月份圖，並說明方法與程序。

> 寶貝的生日月份圖實作：

　1.每位幼兒分發自己的大頭貼照。

　2.請幼兒把自己的大頭照，貼在自己所屬的生日月份。

　3.從1月份開始，依序2月、3月……直到12月。

➤ 生日月份圖表經驗分享與統整。

↑寶貝的生日月份底圖

↑老師引導,請幼兒將自己的大頭照,貼在屬於自己正確的月份裡

↑認-中-大-1-1-1認識數字符號

三、分組活動

➤ 創意生日蛋糕設計——中、小班。

➤ 設計生日月份統計圖表——大班。

↑大班創意蛋糕設計

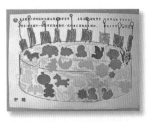

↑中班創意蛋糕設計

↑12個月份壽星人數統計表

↑認-大-1-1-4運用數字符號記錄生活環境中的訊息

四、慶生會的籌備

> 　　慶生會的發想～當老師預告下個月份的慶生會日期之後：
>
> 幼兒：老師，我們想要自己辦慶生會。
>
> 老師：自己辦？真好喔，都不用老師幫任何忙……
>
> 幼兒：要啦！要老師幫我們買生日蛋糕，但是蛋糕我們想要買有圖案
> 　　　的。
>
> 老師：老師可以幫忙買蛋糕，那你們先小組討論看看，看要怎麼計
> 　　　畫，之後，我們全班在一起來商量和討論。

➢ 發想→討論→執行→修正→再執行：

　　1. 討論的內容：蛋糕數量、蛋糕的造型和口味、慶祝的方式。

　　2. 執行：當老師去蛋糕店要訂蛋糕時，發現幼兒所討論的kitty和
　　　　河豚蛋糕，已經停止銷售，蛋糕的款式都已更新。

　　3. 修正：老師拿回新的蛋糕目錄，全班再重新票選蛋糕的口味與
　　　　款式。

  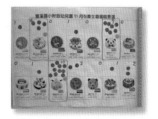

↑蛋糕的新目錄　　　　　↑幼兒票選　　　　　　↑票選結果

↑認-大-3-1-1與同伴討論解決問題的方法，並與他人合作實際執行

↑認-大-3-1-2與他人共同檢視問題解決的過程

五、舉辦慶生會

➢ 蛋糕數量：3個。

➢ 口味和款式：法式馬卡龍、圓仔、喜洋洋等三種（幼兒所票
選）。

➢ 慶祝方式：製作生日卡片、唱生日快樂歌、送祝福、舞蹈——
妖怪舞、幸福的臉。

➢ 慶生會開始～

➢ 收拾與整理。

> ↑身-中-大-2-2-3使用清潔工具清理環境
>
> ↑社-小-2-3-1在生活情境中學習合宜的人際禮儀

☛ 教學後回饋

➢ 有關全班幼兒生日各月份的分布圖表，沒想到透過學習單的呈
現，竟然可以讓結果一目了然，再一次印證，學習單的設計真
的是很重要的。

➢ 有關慶生會這部分，因為幼兒自發性的提出問題，更放手讓幼
兒們自己去規劃慶生會的相關細節，從發想→討論→執行→修
正→再執行，雖然中間出現蛋糕已停產，但卻也是一個可以讓
幼兒練習修正的好機會。透過大家的集思廣益與討論，幼兒們
還是有能力去排除困難達到圓滿的。

活動五：寶貝的最愛～

☛ 學習資源

請幼兒準備自己的最愛、壁報紙、創意學習單。

● 活動過程

一、寶貝的最愛

（前2天就預告，並請家長協助，當天讓幼兒帶他的最愛來分享）

➤ 愛的叮嚀：每一位寶貝所帶來的都是自己的最愛，請小寶貝在彼此分享的時間，也要好好愛惜同學的寶貝。

➤ 幼兒介紹個人的寶貝～

➤ 提問時間（可以就個人的寶貝提出問題，請主人回答）。

➤ 分享時間：小組彼此分享寶貝。

➤ 收拾與整理。

➤ 幼兒經驗分享與發表。

↑幼兒介紹自己的最愛　　↑寶貝分享時間——車輛組

↑語-大-2-2-1適當使用音量、聲調和肢體語言

↑語-大-2-2-2針對談話內容表達疑問或看法

二、創意學習單創作

➤ 創意思維：請你想想看，你最愛的玩具、顏色、形狀、家人、同學、食物和遊戲，是哪些呢？

➤ 幼兒進行學習單創作。

➤ 收拾與整理。

➤ 幼兒創作經驗與作品成果分享。

☛教學後回饋

➤ 當學習的主導權歸還給幼兒之後,沒想到學習可以變得這樣有
創意並有趣,原本只是很單純,幼兒們想要分享自己最愛的玩
具,結果透過討論和學習單,幼兒的最愛又再一次被統整了。

➤ 從幼兒的討論中,也讓我們省思到過程的重要,真的讓我們清
楚看到,幼兒在學習過程中能力的進步,什麼都輕忽不得,如
果教師不調整自己的方向,幼兒的能力與進步就出不來了。感
恩課綱,讓我們再一次看到幼兒的能力。

 ## 活動六:身體的各位

☛學習資源

繪本──《身體的各位》(信誼出版社)、貼紙。

☛活動過程

一、繪本故事──《身體的各位》

➤ 繪本故事「身體的各位」封面預測:

1. 請問～這封面「身體的各位」,有
可能是指哪些呢?

2. 請幼兒發表。

➢ 幸福故事時間：

　1.介紹書名、作者、翻譯及出版社。

　2.老師說故事。

　3.回想與統整：在這故事中，曾經提到身體的哪些部位呢？

　4.幼兒回應與發表。

　5.師生共同就繪本故事內容，一一檢視幼兒所回答的，以及有哪
　　些是遺漏的。（有圈起來的是孩子所發表的，其他的是再次檢
　　視之後補上去的。）

　↑語-中-1-5-3知道書籍封面有書名，創作者和譯者的名字

　↑語-中-2-2-3在團體互動情境中開啟話題依照輪次說話並延續對話

二、遊戲～身體打招呼

➢ 幼兒每人分發一張貼紙，由幼兒自行決定貼在身體任何部位。

➢ 音樂一開始，身體隨著音樂的旋律和節奏，做不同行進中的肢
　體創作。

➢ 當哨音（或是鼓聲）響起，音樂一停時，幼兒要找其他同學，
　把身上貼上貼紙的部位，彼此黏貼在一起。

➢ 當音樂又開始，繼續重複進行活動，直到音樂結束。

➢ 幼兒活動經驗分享。

↑把貼紙貼在身體的部位

↑當音樂一停，要找小朋友，一起把貼紙貼在一起喔～

↑身-中-大-2-1-1在合作遊戲的情境中練習動作的協調與敏捷

小晰：這遊戲真好玩，沒想到身體的很多地方都可以玩，身體
　　　的功用還真多。

老師：對啊～我也很想知道，身體的各部位，到底還有哪些其
　　　他的功用？

三、身體的功用

　➤討論：身體各部位有哪些功用？

　　1.焦點：將討論的部位鎖定在頭、腳、手、耳朵、嘴巴、眼睛、
　　　鼻子等這7部位。

　　2.延伸：討論～如何來保護身體的這些部位呢？

　➤幼兒經驗分享與發表。

　➤澄清、歸納與統整。

　　↑社-小-中-大-3-1-3保護自己

四、身體玩創意

> 引導思維：身體可以玩什麼遊戲呢？

　　小歆：我去臺北，有看到紅綠燈旁邊有一個綠色的小人一直在
　　　　　跑，他跑的動作很可愛，我們也可以來自己畫，讓身體
　　　　　去擺我們畫的姿勢。

> 腦力激盪＋創意產出：

1. 請幼兒出來擺個pose，然後師生合作把這動作畫出來。

2. 創意動作學習單：幼兒畫出個人創意的動作。

3. 創意經驗分享＋創意動作模仿：請幼兒們當模特兒模仿畫出
　來的動作。

↑請幼兒擺出動作，老師引導這動作的畫法

↑認-小-中-1-3-2以圖像記錄生活物件的特徵

↑認-大-1-3-2以符號記錄生活物件的特徵

◆ 教學後回饋

➢ 五味太郎這位大師，真的是很厲害，透過故事中的情節，大師把身體的各部位，連指尖、手胳臂、小腿肚這些比較難介紹的部位，都清楚的帶出場了，對於有關身體的各部位介紹，真的是很棒的引導。

➢ 在「身體打招呼」這個活動中，一開始，發現好多位幼兒情緒上有點放不開，不太敢有較大的肢體動作，也不敢去找朋友，這時候，馬上轉換先玩一個暖場活動，等幼兒的情緒安心了，再進入今天的活動，結果發現到：

1. 幼兒不僅更放得開、更活潑起來了，甚至還有更創意的展現。

2. 幼兒自發性的發現，如果每個人給2張貼紙，可以更多人黏在一起，照片中的4位幼兒，因著每人有2張貼紙，而玩出不一樣的創意來，甲→乙→丙4人合體，原來，從遊戲中孩子可以學習到更多且更有創意。

➢ 有關身體功用的討論，我們統整之後，聚焦在頭、腳、手、耳朵、嘴巴、眼睛、鼻子等這7部位，當功用討論之後，又口頭延伸提問要如何保護這些部位，讓幼兒可以從生活中，學習瞭解並落實去保護自己的身體。

➢ 畫動作圖表時，幼兒一開始畫的動作幾乎都是制式化，這時候，可以請1至2位幼兒出來擺個動作，師生共同畫出這幾個動作出來，這樣幼兒比較清楚知道，原來動作是可以多變的。

↑ 從這個活動中，幼兒們對於臉蛋很有興趣，一直覺得為什麼臉可以有這麼多變化……

↓接下來，我們將一起進入臉的探索活動中了，go ～

活動七：寶貝的小臉蛋

學習資源

鏡子、圖畫紙、蠟筆。

活動過程

一、寶貝的自畫像

➢ 準備工作：老師先分給每位幼兒一面鏡子（鏡子數量不夠時，可以分組進行）。

➢ 引起動機提問：

1. 小寶貝，從鏡子中請問你看到了什麼呢？

2. 可不可以請你把看到的，畫出來與大家分享～

➢ 畫自畫像：

1. 分發圖畫紙和蠟筆。

2. 自畫像創意實作。

3. 自畫像作品分享。

4. 統整→提問→「男生和女生有什麼地方不一樣呢？」

5. 幼兒經驗分享與發表。

↑幼兒從鏡子中畫自己的自畫像

↑幼兒完成的創意自畫像

↑社-小-1-1-1覺察自己的身體特徵

↑社-中-1-1-1覺察自己的外型和性別

二、臉蛋的好朋友

➤ 討論：從鏡子中你看到哪些好朋友，住在小臉蛋上面呢？

➤ 幼兒經驗分享與發表。

➤ 澄清、歸納與統整。

三、遊戲：五官拳

➤ 規則說明→師生共同：

1.這遊戲的五官是指：眼睛、鼻子、嘴巴、耳朵、眉毛。

2.眼睛、眉毛、耳朵：這三個部位各有左右兩個，所以喊到這三個部位，就要左右手握拳各摸住左右的部位。

3.嘴巴、鼻子：喊到這二個部位，就要左右手握拳上下相疊，靠住嘴巴或鼻子這部位。

4.一開始，參賽的幼兒先把左右手握拳上下相疊，靠住鼻子。

5.活動的開始都由鼻子為出發點（這樣比較不會混亂）。

➤ 玩法說明：

1.裁判長（下指令的老師）：請參賽的小朋友，把小手擺在鼻子的位置喔，比賽即將開始喔～

2.指令：「鼻子鼻子鼻子～嘴巴」→這時候原本手擺在鼻子位
　置，就要趕快擺到嘴巴的位置。

3.指令：「嘴巴嘴巴嘴巴～眼睛」→這時候原本手擺在嘴巴位
　置，就要趕快擺到眼睛的位置。

4.指令：「眼睛眼睛眼睛～耳朵」→這時候原本手擺在眼睛位
　置，就要趕快擺到耳朵的位置。

5.這五個部位輪流，擺錯位置的人就先淘汰。

➢ 五官拳大賽開始～

1.先預賽練習幾次，讓幼兒熟練各部位的擺法。

2.分組初賽：約5至6人一組，先進行初賽，選一位進入決賽。

3.決賽比賽：為鼓勵幼兒，選出最後勝利的4位通通晉級拳王。

4.拳王產生～

↑五官拳大賽中——眉毛　↑部位擺錯就先淘汰　↑超級拳王出爐了

↑身-小-2-1-2遵守安全活動的原則

↑社-大-2-3-3與他人共同訂定活動規則，遵守共同協議

教學後回饋

➢ 幼兒從鏡子中學習探索，像阿宏就發現到，為什麼自己的眉毛
　是向上捲，和小朋友不一樣？小恩也發現自己的眼睛好小喔。
　好幾位幼兒也發現到男生和女生的不同，男生大部分都是短

髮，女生有短髮也有長髮。

➤ 幼兒平日都只看見同班同學的模樣，鮮少看到自己的長相，透過鏡子，幼兒從觀察中發現到，原來每一個人的長相都是不一樣的，這是很難得的體驗。

➤ 原本只是要介紹臉部的器官，於是提問：「小臉蛋住了哪些好朋友呢？」透過鏡子，沒想到幼兒們回答到很細，連睫毛、舌頭、牙齒都注意到了。

➤ 五官拳是幼兒們超愛玩的遊戲，玩到最後，幼兒還延伸出額頭、下巴和臉頰這三個部位，讓遊戲變得更緊張更有趣。最後連裁判長都讓大班幼兒嘗試發號施令，一兩次下來，幼兒們連指令的節奏都可以掌握得很好。

活動八：幸福的臉

➤ 學習資源

音樂——幸福的臉（靜思人文志業股份有限公司）、「誰的小臉蛋？」自製簡報、餅乾、堅果、沙拉。

➤ 教學小撇步

「誰的小臉蛋？」自製簡報——每位幼兒都會有2張簡報，第一張是臉部截圖的照片，第二張是幼兒本尊的大頭照照片，全班幾位幼兒，一一依序將幼兒個別的圖片貼在簡報上，就完工了。

☞ **活動過程**

一、律動：幸福的臉

➤ 隨著音樂展現個人肢體動作的創意與變化。

➤ 模仿老師所帶動的動作。

> ↑美-小-2-2-3以哼唱、打擊樂器或身體動作模仿聽到的旋律或節奏

> ↑身-小-3-1-1在創意想像的情境展現個人肢體動作的組合與變化

二、誰的小臉蛋？

➤ 準備工作：

1.老師先蒐集幼兒的個人照片。

2.將幼兒的個人照片，先行裁切只留下臉部的小部分。

3.眼部、鼻子、嘴巴、額頭……都可以。

➤ 活動過程：

1.第一張簡報：老師先把第一張簡報投影出來，先暫緩幾秒鐘不要提問和說明，等待幼兒好奇、驚訝感的出現→並帶出創意的探索思維。

2.老師提問：「看到了什麼呢？」「這個人你可能認識嗎？」「有可能是誰呢？」

3.幼兒回應：幼兒這時候會開始猜測是某某人，這時候，請被猜測到的幼兒上臺，實地的對照比一比。

4.本尊出現：當對照比完之後，下一張簡報會秀出本尊的照片，

　　請大家等待本尊的公布～

5.上述的活動流程，一直持續直到全班幼兒的介紹完畢。

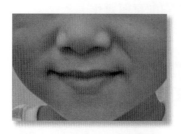

↑先投影臉部截圖的圖片→被猜測到可能的幼兒都上臺
一一比對一番→本尊公布並合影

↑社-大-1-1-1辨認自己與他人在身體特徵與性別的異同

➤ 幼兒的發想：

↓有幼兒分享之前在美勞區玩過手套偶，原本只是一個手套，
吹氣後竟可以變成一個手套娃娃，幼兒們覺得可以配合小臉
蛋的活動，還可以延伸出說演故事～

三、手套小臉蛋

➤ 活動準備：

1.醫療拋棄式手套（乳膠的彈性較佳，打氣後手套偶會比較飽
滿，效果加倍）。

2.中小班的幼兒，可能需要老師事先幫忙，把手套打氣和打結；
大班的幼兒可以練習嘗試，小部分再由老師加以協助。

➢ 活動過程：

1. 先把手套打氣灌飽喔。

2. 創意彩繪手套小臉蛋（彩色油性
  筆）。

3. 收拾與整理。

四、偶來說故事

➢ 3至4人為一小組，小組先討論故事
  內容。

➢ 分組上場演故事。

➢ 場地恢復收拾與整理。

➢ 活動經驗分享。

↑語-大-2-7-1在扮演情境中依據角色的特質說話與互動

↑語-小-中-大-1-1-2理解團體互動中輪流說話的規則

☛ 教學後回饋

➢ 「幸福的臉」這首曲子，當音樂一播放，幼兒的身體馬上就跟
  著搖擺動起來了，感覺幼兒很享受這樣自然放鬆的感覺。這首
  曲子，節奏很明確，歌詞意境也很生活化容易懂，第二次幼兒
  就可以隨著琅琅上口了。慢慢再加上帶動的動作，因為動作也
  不難，很討幼兒的喜歡。有時候不需要急著要教什麼，這樣的
  音樂欣賞及享受，對幼兒反而是更大的收穫。

➢ 在設計「誰的小臉蛋」這活動時，原本還擔心幼兒無法趨入，
  所以一開始的幾張簡報，都用比較容易辨識的額頭和眼睛部
  分，之後才慢慢進入較高難度的鼻子、嘴巴部分，但是發現到
  很神奇，只要簡報照片一投影，幼兒都很快可以叫出本尊的名

字，只有2至3個因爲眞的很雷同，會出現2位本尊，這時就請這2位本尊上臺即可，幼兒就會從他們的臉部再去辨識，看誰才是眞的本尊。

➤ 在辨識過程中，幼兒會提出說明來捍衛自己的看法，這是很棒的，從一來一往的思辨過程中，就會澄清許多模稜兩可的問題，正確的答案就會產出。老師所要注意的是，幼兒在應答時的態度和禮儀，不要讓幼兒養成「我就是對的」，或是「大聲就是贏」的錯誤認知，老師的適時引導是很重要的，這也是我們在這一次所獲得的新感受。

➤ 聽幼兒說話其實是一件很重要的事，靜下心來聽幼兒說，爲什麼要這樣，從課綱的實驗過程中，讓我們慢慢學習調整老師的角色，發現到，聽了幼兒的說法之後，常常一個創意的學習就出來了。從手套→臉偶，再一次讓我們驚艷。切記，多聽聽幼兒說話，幼兒從中學到的，遠比老師直接教給他，還要學得多並持久～今日最感動。

■ 教學小撇步

➤ 第一次手套買到是沒有彈性的，結果打氣之後，手套也沒變多大，效果沒有之前的好，再一次去藥局詢問，才知道要買乳膠材質的彈性較佳，記起來了，下次就不會錯了。

活動九：臉譜玩創意

■ 學習資源

壓克力彩、猴兒面具、保麗龍紙盤、臉部表情變化教具、磁性積木塊、扮演區的道具、幼兒照片、各式臉蛋圖片。

☞ 活動過程

★美勞區

一、臉譜彩繪組

（此臉譜是配合廟慶活動，由廟方提供請幼兒彩繪的）

➤ 材料準備：壓克力彩、臉譜、彩筆。

➤ 活動過程：

1.彩繪臉譜。

2.收拾整理。

↑彩繪臉譜　　　　↑臉譜完成了

↑美-大-2-2-1運用各種視覺藝術素材與工具的特性，進行創作

二、小臉蛋版畫組

➤ 材料準備：保麗龍紙盤、壓克力、彩筆、三角粗鉛筆、學習
單。

➤ 活動過程：

1.先用鉛筆在保麗龍紙盤上，畫出臉蛋的造型。

2.用壓克力彩上色在紙盤上。

3.把上好色彩的紙盤蓋印在學習單上。

4.版畫就完成了。

5.收拾與整理。

↑畫出臉蛋的造型　　　↑上壓克力彩

↑按壓在學習單上　　　↑作品完成了喔～

↑社-小-2-3-2聽從成人指示，遵守生活規範

↑美-大-2-2-1運用各種視覺藝術素材與工具的特性，進行創作

★益智區

一、臉蛋創意大拼盤組

> 材料準備：臉部表情變化教具、磁性積木塊、扮演區的道具。

> 活動過程：

1. 幼兒2至3人為一小組。

2. 分發素材進行創作。

3. 收拾與整理。

↓哇！變臉了喔～

↑磁性積木臉蛋創意組　↑臉部表情變化教具　↑扮演區道具組
　　　　　　　　　　　　創意組

↑美-中-大-2-2-2運用線條、形狀或色彩，進行創作

二、臉蛋拼圖趣組

> 材料準備：幼兒照片、各式臉蛋圖片（事先都先裁切好，每張
> 圖片裁切3-4塊不等）。

> 活動流程：

1. 一組二人（由大班帶著小班或中
   班）。

2. 分發素材進行拼貼。

3. 收拾與整理。

↑二人一組合作拼貼

↑完成的作品

三、作品與經驗分享

四、作品展示

☛ 教學後回饋

> 以前臉譜彩繪都是用水彩，但是乾了之後，色彩都不亮麗，曾
> 經把白膠加水稀釋再上一層，但效果也沒很好，最後都要再噴
> 亮光漆，但是亮光漆會有一個不好聞的味道，也怕對人體造成
> 不好的影響。這一次我們嘗試用壓克力彩，結果實在是超級滿
> 意，不僅乾了之後不會有褪色感，還有油畫的感覺，每一個作
> 品怎麼看怎麼美～

> 這次版畫利用保麗龍紙盤來進行,是第一次嘗試,效果還不錯!而且發現用鉛筆就很好畫出輪廓,在經驗分享時,有幼兒說出,如果在盤子上的線條沒有畫得很清楚,壓克力彩蓋起來圖案就不清楚,而且顏色多種,感覺比較漂亮。這是很棒的體會。

> 在臉蛋創意大拼盤這一組,原本素材只準備了臉部表情變化教具和磁性積木塊這二項教具,當分組下去之後,小丞和小善一起過來問說:「老師:我們要借扮演區的轉盤和道具」,心想,他們是要幹嘛?不久,創意與驚喜出現了~他們把轉盤當臉,將扮演區的道具用來充當臉部的器官。再一次讓我們看見,只要多提供多項素材,幼兒不僅可以玩索各種藝術媒介的樂趣,並可以享受自我表現的樂趣。

> 磁性積木組這組教具真的很實用,超推的~幼兒可以天馬行空任意在白板上進行創作,而且比形狀色紙更棒的是,色紙無磁性,只能在桌子平面操作,甚至排好的造型很容易就亂了,如果用膠水黏在學習單上,也很難做多種變化。

> 之前類似的活動是用臉譜圖片,這一次我們加了幼兒的臉部照片,從3片漸漸到7至8片不等,比起之前有創意,而且難度由淺入深,適合幼兒的能力發展。

活動十：人體大壁畫

● 學習資源

全開壁報紙、粉蠟筆。

● 活動過程

一、提問：我的身體有什麼？

➢ 引導幼兒動動腦想想看，從身體的外觀，看到了什麼？

➢ 幼兒經驗分享與發表。

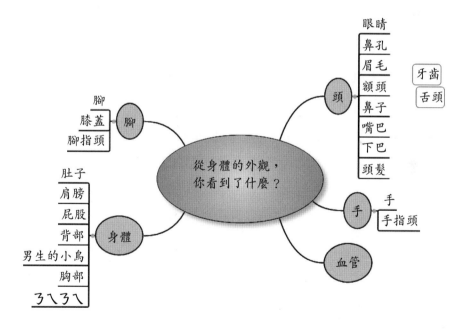

➢ 統整：邀請幼兒就所分享的內容一一檢視、澄清與統整→經過檢視與澄清後，幼兒發現還有牙齒和舌頭沒有提到。

↑社-小-1-1-1覺察自己的身體特徵

二、人體大壁畫

> 發想：

幼兒：「我們想要畫身體很大的人。」

老師：「什麼是身體很大的人？是巨人嗎？」

幼兒：「不是啦！就是跟我們一樣大的人，不是每次畫在圖畫
紙裡面小小的人。」

> 討論：

1. 焦點問題：「跟你們一樣大的人要怎麼畫？誰幫你畫？要在哪
邊畫？」

2. 幼兒經驗分享與發表。

3. 幼兒分享經驗統整：

i. 地點：在教室地板上。

ii. 人員：分成幾組，每組都有大、中、小班的小朋友，由大
班當組長。

iii. 方法：其中一位小朋友，躺在超大張有顏色的紙上面（其
實幼兒說的是壁報紙），把他的身體描下來，大家一起畫
就好了。

> 實際執行：

1. 分組：每組3至4人，組員大、中、小班都有，由大班的幼兒擔
任組長。

2. 分發全開壁報紙、粉蠟筆。

3. 人體大壁畫開始實作中。

> 分享發表：

1. 幼兒實作過程經驗分享與發表。

2. 經驗統整與幼兒作品展示。

↑人體大壁畫實作中

↑分組作品介紹　　　　↑總共完成6個大壁畫

↑社-小-中-2-2-3依據活動的程序與他人共同進行活動

↑認-中-3-1-1參與討論解決問題的可能方法並實際執行

↑認-大-3-1-1與同伴討論解決問題的方法，並與他人合作實際執行

三、故事編創

> 命名遊戲：各小組先幫他們的畫像取名字。

> 經幼兒們討論之後，故事名字取做：「6個好朋友～」。

> 共同編創故事情節有連貫的故事。

> 經驗分享與發表。

↑語-中-2-7-1編創情節連貫的故事

☞教學後回饋

> 今天當幼兒經驗分享與發表完之後，我們沒有急著去澄清發表內容的正確與否，而是引導幼兒思維，並從一一檢視過程之中，幼兒突然又補充了「舌頭」、「牙齒」這二項，愈來愈發

現，老師主導得少，幼兒自發性的主動探索就會更多，這一點真的是要謹記在心。

➤ 有關人體大壁畫是出於幼兒自發性的發想，老師只是透過提問，讓幼兒更趨入問題的焦點核心，從發想→討論→執行→分享，都是幼兒自己完成，幼兒的觀察愈來愈細緻，甚至在分享和發表時，都可以用清晰的口語來表達自己的看法。

➤ 所完成的6個大型人像，幼兒透過擬人化給予命名，竟然編創了「6個好朋友」的故事，而且這故事的情節甚至是連貫的，從6個好朋友決定一起去逛遊樂園→先搭公車到遊樂場→買門票進入（有2個人不用門票，因為身高沒有到標準線）→開始玩各項遊樂設施（說了7種設施）→肚子餓了→遊樂場吃麥當勞簡餐（點了4種餐）→有人吃到睡著了→最後搭車回到他們的家→分手前又約好明天要一起去看電影。全班共同完成了一個精彩的故事，超棒的！

 活動十一：我會量一量

➤ 學習資源

布尺、塑膠尺（為了安全起見，請勿使用鐵尺）。

➤ 活動過程

前提：上一個活動在進行編創故事時，有提到入遊樂場要門票，但有的要、有的不要門票。

一、發想

➤ 小宜：上次爸爸帶我去劍湖山世界，他們說我身高116公分要買票。

小捷：我去過義大世界，但是我沒有票欸，阿嬤說身高要超過
　　　那粗粗的線，才要買票。我沒有超過，所以不用票。

小元：那怎麼知道要不要買票？量量看，不要超過那粗粗的
　　　線，就不用啊～

小善：我們可以來量量身高嗎？

二、討論

> 焦點問題：「要如何量身高？工具？方法？」
> 幼兒經驗分享與發表。
> 幼兒討論後分享經驗統整：

1. 測量工具：直尺、布尺、扮演區的盤子。
2. 測量方法：

　i. 地上先用紅色金邊膠帶黏一條線。

　ii. 人躺在地板上，腳壓在線上。

　iii.布尺0的地方壓住紅色金邊膠帶，往頭上拉開布尺，在頭的
　　　地方用盤子頂住，看看在布尺上寫幾公分，這樣就知道自
　　　己身高了。

三、第一次測量實作

> 分組：每組約3至4位幼兒。
> 依據幼兒們討論的測量方法實際測量。（圖一～圖三）

◆ 圖一　　　　　◆ 圖二　　　　　◆ 圖三

> 測量經驗分享與發表。

　↑認-大-1-1-7運用標準單位測量自然現象或文化產物特徵的訊息

四、幼兒的發現

> 測量中，幼兒們發現到了這個問題：

1. 布尺沒有對齊從0開始測量起。

2. 因為布尺都會跑來跑去，很難固定。

五、討論與澄清

> 焦點討論：布尺要如何固定？

> 幼兒經驗分享與發表。

> 思辨與澄清↓

> 幼兒討論後分享經驗統整：

1. ×用手壓（會跑來跑去）。

2. ○用膠帶黏住（可以黏住）。

3. ×用雙面膠黏（可以黏住，但怕撕下來之後，地板會有痕跡）。

4. ×用磁鐵吸住（布不是磁鐵，所以吸不住）。

5. ×用熱溶膠黏（危險，不考慮）

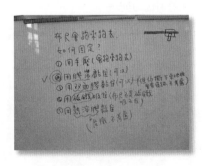

六、修正後，第二次測量實作

> 首先，幼兒們先把布尺用膠帶固定好。

> 實際測量。

> 測量經驗分享與發表。

↑幼兒們先用膠帶把布尺固定住

↑第二次身高實際測量

> 經過第二次測量，幼兒們又發現到了幾個問題：

　　1. 腳很難對準紅色的金邊膠帶。

　　2. 身體有的都歪歪的，沒有躺直。

　　3. 頭上頂住的盤子有深度，會歪掉很難對準。

↑認-大-3-1-1與同伴討論解決問題的方法，並與他人合作實際執行

七、再次討論與澄清

> 焦點討論：

　　1. 腳要如何對準紅線？

　　2. 頭要用什麼工具對準比較好？

> 幼兒經驗分享與發表。

➤ 思辨與澄清↓

➤ 幼兒討論後經驗統整：

1. 有關腳要如何對準，幼兒討論後的結論：

   i. 腳要頂著櫃子。

   ii. 靠牆壁站著量。

   iii.用積木排成一條線，把紅線黏在積木上。

2. 頭部要用什麼工具對準：

   磁鐵條、書、尺、板子、棍子。

八、再次修正後，第三次測量實作

➤ 依據幼兒們討論的測量方法實際測量：

分成三種方式測量（每種二組）：腳頂著櫃子、靠牆壁站著測量、腳頂著積木排成的線。

1. 方式一：「腳頂著櫃子」

布尺的數字0對準櫃子，從櫃子的邊開始拉直黏好，幼兒躺直把腳頂著櫃子，頭部用板子或書本頂著，看看布尺上的數字是多少。

↑ 布尺0對準櫃子拉直黏好，腳頂住櫃子測量

↑頭部用板子、書本頂著，看布尺的數字是多少

2. 方式二：「靠牆壁站著測量」

　　布尺靠著地板，將數字0對準地板往上拉直黏好，幼兒靠著牆壁站直，頭部用板子或棍子頂著，看看布尺上的數字是多少。

↑布尺0對準地板拉直，靠著牆壁把布尺黏好

↑頭部用板子、棍子頂著，看布尺的數字是多少

3. 方式三：「腳頂著積木排成的線」

　　先把積木塊組裝成長條狀，固定在地板上，把布尺和積木條成90度T字型拉直固定好，幼兒的腳頂住積木條，頭部用書本或棍子頂著，看看布尺上的數字是多少。

↑布尺0對準地板拉直，靠著牆壁把布尺黏好

↑頭部用板子、棍子頂著，看布尺的數字是多少

> 測量經驗分享與發表。

> 幼兒討論後經驗統整：

↑棍子沒有對準頭頂，測量數據將有誤差

　　1.這次測量腳都有抵住櫃子和積木條。

　　2.布尺也都有拉成直線並固定好。

　　3.頂住頭部的器具使用書本和板子比較好，因為棍子躺著測量時會跑到頭部下面去，不會頂住頭的中央。

　　4.站著測量時，如果被測量的小朋友比測量小老師還要高，那測量小老師要站到小椅子上，眼睛要平平的看才會準。

☛教學後回饋

> 在測量的過程中，一再修正又嘗試，但是幼兒還是興趣滿滿的繼續深入活動，這樣的學習熱誠是我們老師要學習的，大人有時候想太多，反而無法有創意並深入活動的核心之中，幼兒教

了我們寶貴的一課。

➤ 幾位小老師愈來愈可以獨當一面把小組帶好，而且會去關顧到
中班的小弟弟小妹妹，把比較簡單的工作分配給他們協助，讓
小組的活動進行順利，這也是一大進步。

活動十二：寶貝的身高

● 學習資源

布尺、塑膠尺（為了安全起見，請勿使用鐵尺）。

● 活動過程

一、全班身高大測量

既然學會了測量的正確方法，全班就要分組來進行身高的測量
了。

➤ 分組測量：

1. 先由大班幼兒，協助中小班的幼
兒測量。

2. 之後，大班幼兒再彼此協助測
量。

3. 全班完成了身高測量。

➤ 完成個人身高條：

1. 完成身高測量之後，利用事先準備好的長條紙，與布尺平行拉
直，在正確的身高公分處，用剪刀把長條紙減下，就是幼兒個
人的身高紙條了。

2. 彩繪個人身高條。

> 製作全班身高圖表：

　1. 老師先把全開壁報紙合併成為身高圖表的底圖。

　2. 幼兒個人的大頭照，也事先黏貼在身高圖表的底圖上了。

　3. 幼兒們把個人的身高條，對齊基準線，往上拉直黏貼，就完成個人的身高表了。

　4. 全班共同完成全班的身高圖表。

　5. 幼兒經驗分享與發表。

↑彩繪身高條　　　　　↑把個人身高條黏貼在全班身高圖表底圖上

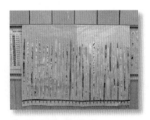

↑全班身高圖表

二、高高低低

> 提問：從身高圖表，你看到了什麼？

> 幼兒經驗分享與發表。

> 澄清與統整：

　1. 幼兒的發現：小元、小楠、小琳、小恩、小壬，這5位小朋友身高都是一樣109公分。

　2. 幼兒的疑問：「為什麼2位大班、2位中班和1位小班，他們的

身高會一樣高呢？」

3. 幼兒的說法：

小賢：「因為小元和小琳都偏食不吃喜歡吃菜。」

小霖：「小恩吃飯坐在我對面，她把餐盒的飯菜跟湯都吃光光，才長這麼高吧！」

4. 老師的引導：身高有時候和家族的人也有關係，但是如果不偏食，營養有均衡，不要吃太多添加物食品，再加上多運動，身體會愈來愈強壯的，就有機會長得更高更壯了。

> 幼兒從身高圖表中發現到，這5位小朋友的身高都是109公分。

> 比一比，誰最高？

請幼兒從身高圖表中，選出大、中、小班各組中，最高的小朋友來→

↑認-中-大-2-1-1依據序列整理自然現象或文化產物的數學訊息

三、無所不量

幼兒從前幾個活動學會了測量，也愛上了測量，既然這麼喜歡量，那就給條布尺，來個無所不量的活動吧！

> 老師說明尺的測量方法。

> 分發布尺。

> 無所不量～教室內的任何東物物品都可以實際測量。

↑ 測量書的寬度

↑ 測量頭圍

↑ 測量椅子的高度

↑ 測量白板的長度

➤ 測量經驗分享。

➤ 學習單（分三種）：

　　1.大班：我會量一量。

　　2.中班：我會排列由長→短。

　　3.小班：誰長？誰短？

➤ 幼兒學習單分享。

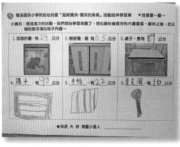
↑ 大班：我會量一量

↑ 中班：我會從長排到短

↑ 小班：誰長？誰短？

━教學後回饋

> 個人的身高條→全班的身高圖表，幼兒從中學，透過圖表的呈現，讓幼兒很清楚的可以瞭解到高和低，之前的身高條都是用單粉色的影印紙裁割黏貼的（大中小班各一個顏色），感覺比較單調，這一次的身高條讓幼兒自己彩繪，感覺效果超讚的，而且幼兒一看都很清楚知道自己的位置在哪裡，很棒的嘗試。

> 讓幼兒從學習過程中獲得多元能力，並可以應用在生活之中，是我們一直所努力的方向。這一次的測量也是，學會正確的測量方法之後，就可以放手讓幼兒去玩玩看了，一人一條布尺，只要沒有危險都可以試，無所不量真的量出很多創意和興趣來，讓幼兒有很棒的體驗學習。

活動十三：情緒臉譜～

　　從前面幾個活動，幼兒注意到了，臉部有很多不同的表情，為什麼會有這樣多的表情呢？我們接著就來探索有關情緒這個部分～

● 學習資源

　　繪本——《我的臉》（小天下）。

● 活動過程

一、繪本故事——《我的臉》

　　➤ 幸福故事時間：

　　　　1. 介紹書名、作者、翻譯及出版社。

　　　　2. 老師說故事。

　　　　3. 老師就繪本故事內容與幼兒做互動式提問。

　　　　↑語-中-1-5-3知道書籍封面有書名，創作者和譯者的名字

二、情緒臉譜創意學習單

　　➤ 創意思維：你的心情曾經有過哪些情緒呢？

　　➤ 幼兒進行學習單創作（大班幼兒畫出6個，中班4個，小班2個）。

　　➤ 收拾與整理。

　　➤ 學習單作品經驗分享與發表。

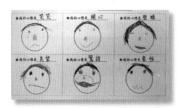 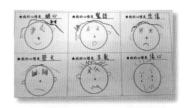

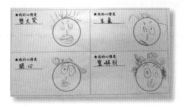

↑情-小-1-1-1知道自己常出現的正負向情緒

教學後回饋

➢ 小天下出版的這本《我的臉》，裡面的表情圖案太豐富了，作為情緒臉譜的引導，真的是很棒。

➢ 透過學習單的情緒臉譜，發現到幼兒知道情緒的種類還滿多樣化的，有些幼兒一開始想不出來，比較需要老師去引導，像今天中班阿銘畫了一個 開心 的臉之後，就說想不出來了，這時候我們用情境引導的方式，來引導他去思考～

題目一：如果你在賽跑時，不小心被同學撞到了，你可能會有怎樣的情緒？

阿銘：可能會 哭哭 ，因為會痛，也可能會 生氣 ，因為就跑輸了。

題目二：如果今天，你表現超級棒，蔡老師加給你30點的點數，你的心情如何啊？會想要換什麼禮物呢？

阿銘：會覺得很 驚喜 和開心，想要換黃色的回力車。

➢ 透過引導，阿銘四個不同的情緒都出來了，這次的改變有很大的進步，利用情境題去引導，讓幼兒自己去練習思維，而不是等著大人告訴他答案，很棒的引導。

活動十四：寶貝的喜怒哀樂～

學習資源

壁報紙（寶貝的情緒團討用）。

教學過程

一、寶貝的喜怒哀樂

➢ 定義：經過老師的引導與討論，將喜怒哀樂做定義（配合教育

部辭典）。

喜→愛好、歡樂

怒→生氣、氣憤

哀→悲傷、難過

樂→歡喜、快樂

➤ 焦點討論：你曾經因為哪些事件，而有過喜怒哀樂的情緒？

➤ 請幼兒發表與經驗分享。

↑ 情-幼-3-1-1知道自己情緒出現的原因

☛ 幼兒的疑問

喜和樂有什麼差別？不是都是很開心的意思嗎？是因為很歡喜去做這件事，所以很快樂很開心，意思不是一樣嗎？

☛ 教學轉個彎

老師的震驚：我們長期以來所說的喜怒哀樂，原來喜和樂，對幼兒而言，感受是差不多的，幼兒很難去釐清喜和樂不同，這是我們長期沒注意到的，每次講到情緒很自然就是喜怒哀樂這四種。

觀念的改變：既然喜和樂這二種情緒，對幼兒來說有點重疊與難以釐清，我們找了教育部辭典對這二個字的註解，重新再把情緒領域的課程目標和學習指標一一討論，我們決定撇開喜怒哀樂這四個層面，重新引導幼兒並師生共同討論，找出幼兒容易理解且貼近他們真實感受的情緒。

老師的引導：其實情緒離不開生氣、悲傷和開心與快樂，只是強度的
不同，所感受的也不同，我們陪著幼兒一起從這邊出
發，找尋並探索適合他們的情緒～

➤ 生氣 ：

老師：生氣？很生氣？超級生氣？要怎麼分呢？（老師採漸進
式的引導）

幼兒：生氣就是生氣啊，那很生氣或是超級生氣，就會像憤怒
鳥一樣，很憤怒。

結論：生氣→憤怒

➤ 難過 ：

老師：難過？很難過？超級難過？要怎麼分呢？

幼兒：

1. 難過就是心情不好，但是沒有哭哭，感覺悶悶的。

2. 如果難過再加上有哭哭，就是傷心。

3. 上次我爸爸牙齒很痛很痛，痛到很難過，他跟媽媽說他很痛苦。

結論：難過→傷心→痛苦

➤ 開心 ：

老師：開心？很開心？超級開心？要怎麼分呢？

幼兒：

1. 開心就是心情好，有點微笑。

2. 很開心就是笑到嘴巴都開開了，那還是算開心。

3. 如果開心到還會跳起來，那不是開心而是很興奮。

結論：開心→興奮

➤ 害怕 ：

老師：你對有些人、事情或是物，會有怎樣害怕的情緒呢？

幼兒：

1. 會很緊張，旁邊阿婆家的小黑如果在叫，我就會很緊張，雖然狗狗有被綁著，還是會怕怕。

2. 剛來讀書的時候，我會怕媽媽放學沒來接我，那時候老師說了《我好擔心》那本故事書，聽完之後，我有練習不要像故事中的小莉那樣愛擔心，慢慢就不會擔心媽媽沒來帶我了。

結論：緊張→擔心→害怕

➤ 其他：

老師：除了剛剛我們所討論的，你們還曾經有過哪些的情緒嗎？

幼兒：

1. 恩恩 不開心 ，上次弟弟弄壞我的娃娃，我覺得不開心。（老師試圖引導幼兒去思辨是否有生氣或是憤怒的情緒出現，但是幼兒說沒有，就只是不開心。）

2. 小翼：上次媽媽說要帶我去義大世界坐摩天輪，我每天一直算還要幾天，很想要趕快去，每天都很想。（這時候老師舉自己的例子，去年的暑假要去德國，也是每天都一直希望要出發的日子趕快來到，每天也是一直想，心裡非常的 期待 ，把期待的情緒感受跟幼兒分享與說明。）

3. 這時候小晰說：我知道了，就像我們很期待要去校外教學一樣～賓果！（幼兒懂了，喜悅中）

4. 小捷：那如果是被嚇到，那是什麼的情緒？（幼兒說出是因為外婆家的小貓不見了，他聽媽媽說完，感覺心裡嚇一跳……這

時候老師引導，你們有過嚇一跳的感受嗎？幼兒說：看到狗
在穿越馬路差點被撞、突然地震、組合積木突然倒了、被球打
到……。幼兒覺得剛剛發表的這些感受都不是很好，老師適時
的引導，在碰到一些狀況時，有時候會覺得被嚇一跳，感受也
不是很好，這種情緒就是 驚訝 。）

5. 小義：可是如果被嚇一跳，是很開心的事，那就是 驚喜 。

（老師問小義怎麼知道，小義說，上次母親節在學校摸彩，爸
爸摸到腳踏車時，我們都很開心，媽媽回家有說，摸到腳踏車
時，讓她好驚喜好開心喔。）

6. 小翔：上次我們去聖保羅買麵包，姊姊看到圓仔圖案的蛋糕，
叫爸爸要買，媽媽就說，只要是圓仔的東西都讓姊姊很 心動 。

（小晰說他只有對推土機心動，小魚兒說只有螢火蟲可以讓他
心動。）

➢ 師生討論後，重新定義的情緒種類有15種：

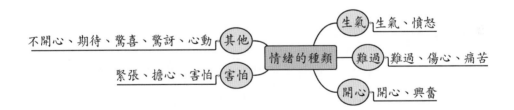

➢ 從之前普遍的喜怒哀樂4個情緒面向，透過討論、引導與思辨，
我們找到了適合幼兒們常有的15個情緒反應，從4到15這是一大
進步，我們不再矇過幼兒的真實感受，我們將陪著幼兒去探索
並瞭解他們自己的內在真實感受。

↑ 情-小-1-1-2 知道自己的同一種情緒存在著兩種程度上的差異

131

● 教學小撇步

➢ 製作情緒卡：

1. 老師先從網路上找出與這15個情緒有相關的圖片（請注意版權問題），在A4紙上排版好，並列印出來加上護貝，就是很棒的情緒卡～

2. 請班上的幼兒當情緒卡的模特兒，也是很有趣～（如果有要公開，請徵得家長的同意喔。）

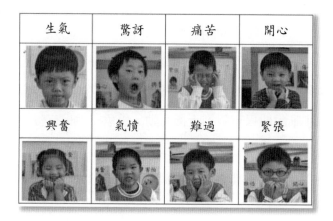

● 補充說明

　　活動後，親子天下剛好有出版「溫美玉備課趴的雙卡教學寶盒」，內含有情緒卡和性格卡，我們都會跟活動一起搭配使用。

 活動十五：你的心情好嗎？

● 學習資源

　　繪本——《你的心情好嗎？》（維京出版社）。

☛活動過程

一、繪本故事──《你的心情好嗎？》

> 創意提問：從封面上，你覺得猴子的心情是如何？

> 幼兒發表與分享。

↓幼兒的說法：

開心	1.他的嘴巴是往上的，心情不好就不會往上。 2.感覺走路像跳舞，所以是開心的。 3.應該是開心，因為如果不開心，猴子旁邊的雲就會是黑黑的顏色。 　（為什麼你會這樣覺得？） 　因為我看過其他的故事，講到不開心或是難過，雲就變黑了而且馬上下大雨。 4.因為他第一次走繩索就成功，所以很開心。
緊張	因為怕掉下來。（小豪馬上說，猴子最會走繩索，他不會怕啦。）
不是很開心	因為沒有好朋友陪他玩。

↑語-中-2-2-2以清晰的口語表達想法

> 幸福故事時間：你的心情好嗎？

1.介紹書名、作者、翻譯及出版社。

2.老師說故事。

3.老師就繪本故事內容與幼兒做互動式提問。

4.幼兒發表──敘述角色的對話和情節的描述。

↑語-中-2-6-1描述故事角色間的對話與情節

↓幼兒的看見：

1.小晰：安東尼‧布朗好像很愛畫猴子欸？

2.老師：還有小朋友有看過安東尼布朗的書嗎？

3.幼兒分享與經驗發表。

4.經驗統整。

幼兒的看見	幼兒的説法
幼兒看過安東尼・布朗的書有→	我爸爸、朱家故事、我媽媽、我哥哥、大猩猩、我愛書、大手握小手、動物園、威力找朋友、雞蛋踢石頭、大猩猩和小星星、當熊遇見熊、小金魚逃走了（五味太郎）
安東尼・布朗的書，喜歡畫猴子，他以猴子為主角的故事書有	大猩猩、我愛書、大手握小手、大猩猩和小星星、威力找朋友、抱抱（這本書的主角也是猴子，但作者不是安東尼・布朗）
安東尼・布朗故事中的媽媽，大部分都不開心不會笑，而且都很瘦→	1.《朱家故事》的媽媽很可憐，要做很多家事，還要背爸爸、哥哥和弟弟三個人。 2.《動物園》故事的媽媽臉都不會笑。 3.只有《我媽媽》這一本的媽媽會笑而且胖胖的。

↑語-中-1-5-3知道書籍封面有書名，創作者和譯者的名字

↑語-大-1-5-3辨認與欣賞創作者的圖像細節與風格

二、創意學習單

➢ 創意學習單：在什麼情況下會讓你心情產生變化？

1.進行創意學習單。

2.作品分享與發表。

小銘：我走路撞到大門，因為會痛所以心情不好，但是阿嬤説小男生要勇敢，我就笑笑的了。

小晰：上次爸爸帶我們去動物園，一開始很開心看到獅子走過來，雖然離很遠也有圍住，但是覺得很緊張，肚子有一點點痛痛。媽媽叫我深呼吸，之後就比較好了。

↑情-中-大-1-1-1辨認自己常出現的複雜情緒

三、情境題故事劇

➤ 表演題目：想想看，曾經在什麼件事件中，讓你產生過多種情緒？

➤ 總共有4組幼兒出來挑戰，約5至6人一組。

➤ 活動過程：

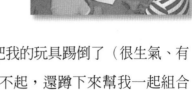

1. 小組討論劇本（用圖像表示）→

2. 分組創意演出。

3. 經驗分享。

➤ 四組幼兒分享：

1. 我在組合玩具時，同學走過去把我的玩具踢倒了（很生氣、有點難過）→同學馬上跟我說對不起，還蹲下來幫我一起組合（完成組合很開心）→圖一

2. 我和小安在玩大龍球，玩到很開心，突然小芸跑過來，撞到球然後就摔倒了（很緊張，不知道怎麼辦），慢慢小芸爬起來了，看一看她身上沒有流血，才比較放心（安心）→圖二

3. 我在畫圖的時候（開心），結果有4位同學從後面嚇我（驚嚇），彩色筆撞到鼻子，鼻子很痛（難過，而且很痛），同學有安慰我，最後沒事了（不難過了）→圖三

4. 我和小鈞一起在積木區玩，結果小鈞搶了我的2塊積木（很生氣），我要他還給我，我們就吵架了（憤怒），還打了起來（很生氣），小天和小山在旁邊一直叫我們不要打了，最後小鈞還給我，但是我還是很不高興（手握拳很想打人）→圖四

◆圖一：玩具被踢倒了

◆圖二：球撞到同學

◆圖三：同學從後面嚇
我

◆圖四：和同學打架

↑情-中-大-3-1-2知道自己在同一事件中產生多種情緒的原因

🖛教學後回饋

> 幼兒會對安東尼‧布朗繪本的風格，能有如此深入的辨識與統整，讓我們很驚艷，繪本故事的深化討論再加上閱讀策略的推動，對幼兒的閱讀力提升，眞的是助益很大。

> 幼兒不再只是聽過故事而已，他們從中學習辨識創作者的風格，還會統整，竟然注意到了安東尼‧布朗畫的媽媽都沒很開心，而且都很瘦，除了《我媽媽》裡面的媽媽有笑容而且是胖胖的，哈哈，比老師還要細膩，眞的是很棒的看見～

> 複雜的情緒並不容易辨識，透過幼兒的畫由幼兒自己說明，感覺就容易多了，學習眞的是需要有次第，先由單一再進入複雜情緒，老師的引導也是，這樣學起來就更能趨入核心。

> 讓幼兒自己→去討論→去計畫→去演出，幼兒自己畫圖當腳本

排練演出，從4組的演出發現，幼兒已經有能力對於同一事件去辨識與瞭解多種情緒的原因了，這是一件美事，因為當幼兒愈是清楚知道自己情緒產生的原因，表示幼兒愈能用理性來溝通，火山獅子的失控狀況將會大大減少～

活動十六：情緒變變變

● 學習資源

圓形氣球。

● 活動過程

一、情境題故事劇～你會有怎樣的情緒？

> 事先準備：

1. 老師事先設計一些情境題，讓幼兒分組思考，在這樣的事件中，可能讓你產生哪幾種的情緒？

2. 情境題：

☆被罵了	☆和同學打架	☆過生日的時候
☆幫助別人的時候	☆受傷的時候	☆媽媽不買玩具給我的時候

> 活動過程：

1. 老師由單槍先秀出情境題。

2. 請這組幼兒從情緒卡中，選出適合的情緒。

3. 請幼兒說明會出現這情緒的原因。

4. 進行下一題～直到6題都進行完畢。

137

> 活動實例分享：

題目：被罵了，你會有怎樣的情緒？
1.生氣→不高興被罵
2.緊張→怕被大人打
3.不開心→本來開心在玩，被罵了，就不開心了
4.難過→我又沒有怎樣，為什麼要罵我
5.傷心→大人可能不愛我了
6.痛苦→因為常常被罵就會覺得很痛苦

題目：幫助別人，你會有怎樣的情緒？
1.開心→幫助人家做好事，心裡很開心
2.興奮→超級開心的，就變成很興奮
3.期待→幫助人家是好事，會很想要再幫忙別人

↑情-中-1-1-3辨識自己在同一事件中存在著多種情緒

二、情緒轉個彎

> 焦點討論：

　　1.有什麼方法，可以讓你比較不生氣、不憤怒？

　　2.有什麼方法，可以讓你比較不擔心、不害怕？

　　3.有什麼方法，可以讓你比較不傷心、不難過？

　　4.有什麼方法，可以讓你比較不緊張、不焦慮？

> 請幼兒發表與分享。

> 澄清與統整。

　　↓幼兒的發表、討論與統整：

○→可以這樣做　△→不是很適合　×→不建議如此做

☆有什麼方法，可以讓你比較不擔心、不害怕？	☆有什麼方法，可以讓你比較不生氣、不憤怒？
○1. 請家人陪陪我、抱抱我	○1. 離開讓你生氣的那個人
○2. 先到有燈亮亮的地方	○2. 出去散步（請家人陪同）
×3. 大哭、大叫（不適合）	○3. 忘記這件生氣的事
○4. 心裡假裝家人有在家	○4. 找其他人玩
○5. 把燈打開	○5. 請爸爸媽媽陪我（兜風）
×6. 躲到棉被裡面（不是好方法，萬一窒息）	○6. 深呼吸放鬆一下
○7. 吃東西（不要吃太多）	○7. 自己先冷靜下來，然後去玩玩具
○8. 離開害怕的東西	○8. 去溜滑梯（請家人陪同）
○9. 深呼吸一下	○9. 去外面吹風、看天空看風景（請家人陪同）
	○10.去踢球（如果是戶外，請家人陪同）
☆有什麼方法，可以讓你比較不緊張、不焦慮？	☆有什麼方法，可以讓你比較不傷心、不難過？
○1. 如果是媽媽要打我，趕快跟媽媽說對不起	○1. 請家人秀秀我
△2. 躲到可以安全的地方（需要有大人陪，因為幼兒無法判斷是否真的安全）	○2. 先不要哭
	○3. 請家人抱抱我
○3. 就是乖一點，不要讓大人生氣，不會被修理就不會緊張了	○4. 去睡覺
	○5. 自己玩玩具
○4. 離開讓你焦慮的人或是東西	○6. 看電視（建議看10分鐘就好）
○5. 深呼吸	○7. 去散步（請家人陪同）
○6. 唸阿彌陀佛	○8. 找家人一起玩
○7. 去玩玩具	○9. 看電影、看夕陽、看吊車工作（請家人陪同）
	○10.畫圖
	○11.拼圖
	○12.休息一下

↑情-中-大-4-1-1運用等待或改變想法的策略調節自己的情緒

三、遊戲：情緒變變變～

➢ 準備工作：每人分發一粒圓形氣球。

➢ 活動過程：

1. 請幼兒分享是否有哪些不如意的情緒。

2. 把這些不如意的情緒，一次放一個進去氣球裡面。

3. 練習把氣球吹大。

4. 然後唸個咒語：「情緒變變變，好的來壞的去，大家事事都順利。」

5. 唸完之後，就把氣球放走～代表所有的不好情緒都離開了。

6. 重複遊戲（換另一個情緒）。

➤ 幼兒活動經驗分享。

↑ 練習把裝壞情緒的氣球吹大　　↑ 把氣球放了讓壞情緒都放走了

↑ 情-中-大-4-1-1運用等待或改變想法的策略調節自己的情緒

☞ 教學後回饋

➤ 情緒的區塊有時候很難趨入，但是利用情境題的引導，幼兒們很清楚的明白，原來相同一個事件，也會存在著多種的情緒。透過情緒卡，讓幼兒親自去辨識自己的複雜情緒是有哪幾種，並予以說明，讓我們發現到，幼兒的情緒也是存在著複雜性並非都是單一的。

➤ 「情緒轉個彎」這個活動真的是很棒，透過團體的焦點討論，讓幼兒清楚的明白，原來碰到問題時，有這麼多的好方法可以

調整自己的情緒，當幼兒可以調節自己的情緒，就更會減少一些失控的行為產生，真棒！

➤ 利用氣球把不好的情緒帶走，靈感來自於《勇敢湯》這繪本，想說也可以把不好的情緒匯集一起，用一個方式把它帶走，就想到了氣球，延伸出這一個有趣的課程。內心也很期待，即使在未來，當這些幼兒在成長過程中，遇到了挫折、有傷心、難過和痛苦，希望他們也可以從這個小活動中，學習把不好、負向的情緒，運用改變的策略調節自己的情緒。深深的期許與滿滿的祝福～

活動十七：我不喜歡

☛ 學習資源

繪本──《我不喜歡》（愛智圖書）。

☛ 活動過程

一、繪本故事──《我不喜歡》

➤ 幸福故事時間：

1. 介紹書名、作者、翻譯及出版社。

2. 老師說故事。

3. 老師就繪本故事內容與幼兒做互動式提問。

➤ 延伸活動：

1. 討論故事中主要主角的情緒。

2. 探索故事中主要主角情緒產生的原因。

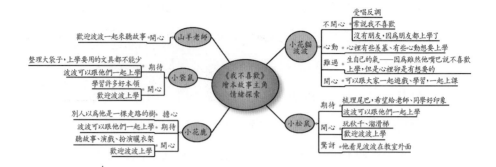

↑情-小-中-大-1-2-2辨識各種文本中主角的情緒

↑情-中-大-3-2-2探究各類文本中主要角色情緒產生的原因

二、情緒臉譜餅乾

➤ 準備工作：

1. 圓形餅乾──每人2個，要選擇不容易破碎的餅乾。

2. 各式小堅果，儘量選擇樣式和顏色能多樣化。

3. 有機沙拉──當作黏劑的功用，因為是要吃的，所以建議使用可食用的材料。

4. 最重要的～還要請幼兒把小手洗乾淨喔。

➤ 創意引導：

1. 「小寶貝：我們今天要來做情緒臉譜餅乾喔，練習用創意造型來表達情緒。」

2. 「現在我們準備要用餅乾＋堅果＋沙拉，一起來創作情緒臉譜餅乾喔～」

3. 「今天的沙拉是一個小幫手喔，它要幫助我們把堅果，黏在餅乾的上面做創意造型喔～」

4. 分發材料，迫不及待的想要開始了～

➤ 活動過程：

　1.創意製作餅乾臉譜。

　2.收拾和整理。

　3.幼兒作品與經驗分享。

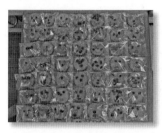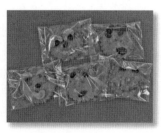

↑情緒臉譜餅乾個個造型都不一，都創意滿滿

↑社-小-中-3-1-1自己能做的事情自己做

↑身-中-大-2-2-3使用清潔工具清理環境

➤ 祝福與分享：

　1.送祝福：全班一起送祝福，祝福吃到這餅乾的人，時時都好
　　棒，天天都更好～

　2.關愛與分享：

　　思維：「張大心眼，想一想，家人對自己的好。」

　　鼓勵：「如何藉由這餅乾，主動關懷家人並一起分享～」

↑社-中-大-3-2-1主動關懷並樂於與他人分享

● 教學後回饋

➤ 愛智圖書的《我不喜歡》這繪本，故事中的主角都是幼兒喜歡
　的動物，而且情緒的表現很明顯不複雜，很適合對於初入情緒
　領域的引導，甚至要探究情緒產生的原因，幼兒們都可以從文
　本中找出解答。

> 想到「臉譜餅乾」就讓我們忍不住要大笑三聲，當初就想到，可能有幼兒會忍不住而試吃一下，所以爲了安全，才會想出用沙拉來當黏  劑，這樣即使幼兒誤食了也不會有危險的，結果，眞的有幼兒在品嚐欸……還好我們有做安全上的防範。

> 請幼兒把自己做的餅乾帶回家與家人分享，學習分享、關懷與祝福，這是一個很棒的延伸活動，以前的經驗告訴我們，有些家長們很疼惜幼兒，捨不得幼兒沒吃，這樣幼兒就少了學習的機會，所以這一次，每位幼兒我們都讓他做2個臉譜餅乾，至少可以一個自己享用另一個分享，免去一些可能發生的狀況。

 活動十八：我最棒

學習資源

繪本──《我最棒》（滿天星傳播有限公司出版）。

活動過程

一、繪本故事──《我最棒》

> 繪本故事封面預測：

　　1.題目：請問這隻狗，最棒的事可能是？

　　2.請幼兒發表。

> 幸福故事時間：

　　1.介紹書名、作者、翻譯及出版社，作者是露西．卡森（Lucy

　　Cousins）。

　2. 老師說故事。

　3. 選擇故事中幾頁圖片，請幼兒加以描述。

　↑語-中-1-6-1知道各種文化有不同的書面文字

　↑語-小-2-4-1描述圖片的細節

二、超級棒棒棒（學習區活動──個人）

➤ 請幼兒想想，各學習區的哪一個活動是你個人最厲害、最拿手的。

➤ 請幼兒選擇學習區。

➤ 幼兒進入學習區進行創意活動。

➤ 作品說明、分享與展示。

➤ 收拾與整理。

　↓活動實例分享：我個人最厲害與拿手的……

↑用杓子把綠豆和黃豆分開，是我最拿手的

↑我超級會刮畫

↑ 我最會疊杯子，這次挑戰12層～成功

↑ 我最會組裝各式各樣的車子——這個是吊車

↑ 社-中-3-1-2欣賞自己的長處，喜歡自己完成的工作

☛ 教學後回饋

> 《我最棒》這繪本的色彩很鮮明，連同故事都很吸引幼兒的喜歡。封面上作者名的姓名用英文字呈現，編排的效果很好，也特別介紹給幼兒們瞭解，原來不同文化有不同的書面文字。

> 有些幼兒的好勝心和優越感特強，總是覺得自己是最好的，這繪本啟發我們另一個想法，幼兒看到自己的優點固然是好，但畢竟是在團體中學習，如果也能發覺同學的優點，那更好～所以引導幼兒瞭解同學的優點與長處，讓大家一起變好棒，將融入在之後的活動中。

活動十九：我們都好棒～「超級寶貝」主題活動成果

● 學習資源

創意學習單、主題相關活動照片和影片、學習單、各學習區教具。

● 活動過程

一、主題活動成果

➤ 活動成果欣賞：

1. 準備工作：主題的相關活動照片，事先製作成簡報和影片。

2. 成果欣賞：全班一起共同欣賞這個主題的成果。

➤ 幼兒經驗分享與發表。

↑社-小-2-3-1在生活情境中學習合宜的人際禮儀

二、創意學習單創作

創意思維：請你想想看，你最棒的是什麼？還有你的好朋友最棒的是
什麼？

➤ 幼兒進行學習單創作。

➤ 收拾與整理。

➤ 幼兒創意學習單分享。

↑大班作品

↑中班作品

147

↑語-中-2-3-1敘說時表達對某項經驗的觀點或感受

三、超級棒棒棒（學習區活動──小組）

> 請幼兒找3至4人成一組，並討論和計畫，你們想要呈現最棒的
> 活動是什麼？
> 幼兒進入學習區進行創意活動。
> 作品說明、分享與展示。
> 收拾與整理。

↓活動實例分享：我們最厲害與拿手的……

↑超馬力火箭車，是我們最拿手的

↑我們最厲害的，就是蓋歡樂城堡

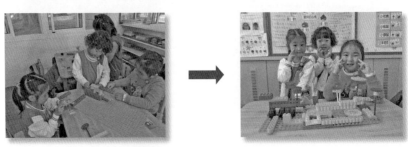

↑我們最會組合公園遊樂場

↑蓋高鐵站，是我們最厲害的

↑社-大-2-2-3考量自己與他人的能力和興趣，和他人分工合作

☞教學後回饋

➢ 前半部進行「超級寶貝」的主題活動成果展，再一次回味整個主題的過程，彷彿又把時光拉回當時活動的場景，幸福和滿足與興奮都顯現在幼兒開心的臉龐上。

➢ 下半部我們從自己延伸到和同學這個區塊，一般世俗的觀念，總是我好就好，對於別人的好壞，感受就沒有那麼深刻。習慣以「我」為出發點，容易養成幼兒自我膨脹的習性，如果可以用「我們」為出發點，幼兒從中學習與人互動、包容和感恩，這是很棒的體驗。

➢ 所以在這個活動中，我們不僅讓幼兒瞭解自己的優點，同時也認識同學的優點，透過這活動的引導，小偉的改變讓我們很驚訝，他的個性很直接且衝動，從開學入園到現在三個多月，常跟同學有爭執，每次的回話都是「我沒有，都是他的錯……我不可能這樣的」，很自我的表現導致同學不太喜歡跟他一起玩。

➢ 今天在同學的優點分享中，小偉畫出同學小晰很會組合車子，小丞很會踢足球，並且分享很希望可以跟他們當好朋友一起

玩，我們老師這時候適時的特別強調小偉的優點（期望同學可以看到小偉的優點，並願意跟他當好朋友）。

➢ 之後，我們又拋出一個問題：「小寶貝：你們喜歡跟怎樣的朋友一起玩？」幼兒們發表了

1. 不會破壞我們已經做好的東西

2. 如果都會搶人家的東西，我也不喜歡

3. 分組的時候，要我們都要聽他的話

4. 鼻涕流下來也不去擦（哈哈）

➢ 其實這時候老師也不需要再多說或要解釋什麼了，幼兒已經把他們的感受表達得夠清楚了，接下來就是多祝福並多觀察幼兒的行為即可。

第四篇

幼兒園階段課程與
教學設計實務（三）

課程與教學名稱
超級麻吉──有你眞好

一、課程與教學設計理念

　　幼兒的人際關係以及和同儕的互動，在幼兒園的階段，是值得讓幼兒去深化探討的一個活動。尤其現在少子化，家長生育得少，每一位幼兒都是從小就被當作公主、王子，捧在手心滿滿呵護長大的。相對的在和同儕的相處，自我意識都很高。因此，如何透過活動的進行，讓幼兒從中學習尊重、同理並關懷他人，是相當重要的一門課。

二、課程與教學設計主題概念網

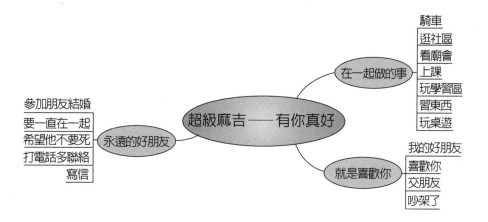

三、課程與教學設計主題活動事後網

好朋友
故事主題預測
故事：我的好朋友兔子
我的好朋友是誰？

謝謝你……因為……
送給好朋友的禮物
就是喜歡你

我想對你說
故事：我喜歡你！貓咪雷弟
好朋友之歌：兒歌編創＋打擊合奏
創意學習單：我想對你說
遊戲：貓咪一家親

誰是你的好朋友？
故事：誰是你的好朋友
創意巧巧拼　美感創作
故事：重複閱讀
七巧板闖關大賽

我會交朋友
故事：小不點交朋友
焦點討論：你會用什麼方法交朋友呢？
美感創作：跟小不點玩變形變形遊戲
情境題：朋友跌倒，你會怎樣？

我喜歡你

有你真好

超級麻吉

想一起做的事

永遠的好朋友

小小貝克漢
選球衣
看見問題與克服並解決
孩子的努力
參加雷花杯足球賽

超級麻吉～有你真好
主題成果展：未來有你
創意學習單

好朋友就是這樣嘛
故事：好朋友就是這樣嘛！
吵架了怎麼辦？
創意學習單：改編結局
討論：1.好朋友會分開的原因
2.好朋友分不開，可能會有的情緒
創意學習單：我想和你長長久久當好朋友
遊戲：好朋友一～另一個我

我想和你長長久久

我想寫信給你
信是什麼？
信的種類
寫信
寄信了！
好朋友的來信

四、本單元的學習指標

編號	活動名稱	相對應的學習能力指標
一	好朋友	語-大-2-2-3　在團體互動情境中參與討論 語-中-1-5-3　知道書籍封面有書名，創作者和譯者的名字 社-中-2-3-1　理解自己和互動對象的關係，表現合宜的生活禮儀
二	就是喜歡你～	美-小-2-2-2　運用線條、形狀或色彩表現想法，並命名或賦予意義 語-小-中-大-2-3-2　說出簡單的因果關係 美-大-2-2-3　運用哼唱、打擊樂器或身體動作進行創作 語-中-1-2-1　辨認兒歌與童詩的韻腳
三	我想對你說～	語-小-1-5-2　理解故事的角色 語-中-1-5-2　理解故事的角色與情節 美-小-中-大-1-2-3　覺察並回應日常生活中各種感官經驗與情緒經驗 身-小-中-3-1-1　在創意想像的情境展現個人肢體動作的組合與變化 身-大-3-1-1　與他人合作展現各種創意姿勢與動作的組合
四	誰是你的好朋友？	語-小-中-1-6-2　知道書名的位置與閱讀方向 語-中-1-5-3　知道書籍封面有書名，創作者和譯者的名字 美-中-大-2-2-2　運用線條、形狀或色彩，進行創作 語-小-2-6-1　描述故事的主要角色 社-小-中-2-2-3　依據活動的程序與他人共同進行活動
五	我會交朋友	語-中-1-5-3　知道書籍封面有書名，創作者和譯者的名字 語-小-2-6-1　描述故事的主要角色 語-中-2-6-1　描述故事角色間的對話與情節 美-中-大-2-2-2　運用線條、形狀或色彩，進行創作 社-中-大-2-2-2　理解他人的感受和需要，展現同理或關懷的行動
六	好朋友就是這樣嘛！	情-中-大-3-2-2　探究各類文本中主要角色情緒產生的原因 情-中-大-3-1-1　知道自己複雜情緒出現的原因

155

編號	活動名稱	相對應的學習能力指標
		情-中-大-4-1-1　運用等待或改變想法的策略調節自己的情緒 情-中-大-2-6-2　說出、畫出或演出自己是敘事文本中的某個角色會有哪些感覺與行動
七	長長久久的好朋友	情-中-大-1-1-3　辨識自己在同一事件中存在著多種情緒 認-小-3-1-1　探索解決問題的可能方法 身-小-1-1-2　模仿身體的靜態平衡動作 社-大-2-3-3　與他人共同訂定活動規則，遵守共同協議
八	我想寫信給你	語-大-2-2-2　針對談話內容表達疑問或看法 認-小-中-1-3-2　以圖像記錄生活物件的特徵 認-中-大-2-3-1　依據特徵為生活物件分類並命名 語-大-2-2-3　在團體互動情境中參與討論 語-中-大-1-4-2　知道能使用圖像記錄與說明 語-中-大1-7-2　知道能使用文字記錄與說明 認-大-3-1-1　與同伴討論解決問題的方法，並與他人合作實際執行 社-小-中-3-1-1　自己能做的事情自己做 語-大-1-7-1　從生活環境中認出常見的文字 社-小-2-3-2　聽從成人指示，遵守生活規範 社-幼-3-1-2　對自己完成的工作感到高興 語-大-2-2-1　適當使用音量、聲調和肢體語言 社-中-2-2-1　表達自己並願意聆聽他人想法（寄件人） 社-大-2-2-1　聆聽他人並正向回應（收件人）
九	小小貝克漢～	社-小-2-1-3　根據自己的想法做選擇 社-中-2-1-3　調整自己的想法去行動 社-大-2-1-3　適時調整自己的想法與行動嘗試完成規劃的目標 認-大-3-1-1　與同伴討論解決問題的方法，並與他人合作實際執行 社-大-2-3-3　與他人共同訂定活動規則，遵守共同協議
十	「超級麻吉～有你真好」主題活動成果	社-小-2-3-1　在生活情境中學習合宜的人際禮儀

五、課程與教學設計活動實例

活動一：好朋友

● 學習資源

繪本──《我的朋友，兔子》（小魯文化事業股份有限公司）。

● 活動過程

一、繪本故事──《我的朋友，兔子》

➢ 封面圖像預測：

1. 提問：小寶貝，請問從封面的圖片上，你覺得可能是在做什麼呢？

2. ↓幼兒的說法：

1.想搭飛機去動物園玩　2.要一起去玩　3.要去美國　4.在玩飛機　5.他們在說小祕密　6.一起在玩直升機　7.要去祕密基地玩　8.玩小遊戲　9.要去家樂福　10.大兔子要讀書了，他們一起去參觀學校　11.他們在吵架（小晰說：兔子的臉是笑笑的，所以不像是吵架）　12.要去拜訪朋友

↑語-大-2-2-3在團體互動情境中參與討論

➢ 幸福故事時間：

1. 介紹書名、作者、翻譯及出版社。

2. 老師說故事。

3. 老師就繪本故事內容與幼兒做互動式提問。

↑語-中-1-5-3知道書籍封面有書名，創作者和譯者的名字

157

二、好朋友

➢ 討論：什麼是好朋友？

1. 請幼兒發表與經驗分享。

2. ↓幼兒的分享：

「好朋友」的定義～

1.常常一起玩　2.我喜歡他　3.會想要看見他　4.就是吵架了，也會很快和好　5.會互相幫忙，如果他賽跑跑最後一個，也會幫他加油　6.會想要一直跟他說話　7.什麼事都會想到他　8.希望可以讀同一個國小　9.就是到了很久、很久、超級久以後，也不可以忘記他

➢ 我的好朋友是～

1. 請幼兒發表自己的好朋友是誰。

2. 揪咪～合照一下

↑我們是好朋友～　　　　↑好朋友合照展示在布告牆

↑社-中-2-3-1理解自己和互動對象的關係，表現合宜的生活禮儀

● 活動後回饋

➢ 透過繪本故事的主角──兔子，讓幼兒清楚知道，好朋友不僅要互相幫忙，還要去包容好朋友的缺點，且經由故事情境與內

容，讓幼兒對「好朋友」的定義更能趨入核心。

活動二：就是喜歡你～

● 學習資源

造型塑膠瓦楞版、美勞素材、打擊樂器。

● 活動過程

一、送給好朋友的禮物

> 思維：想要創作什麼樣的禮物送給好朋友。

> 分發創作素材。

> 進行美感藝術創作。

> 收拾整理。

> 經驗分享與發表。

↑致贈禮物～

↑禮物展示在布告牆

> 送禮物時間到了～

　　1.把禮物命名並賦予意義。

　　2.親自把禮物送給好朋友。

　　↑美-小-2-2-2運用線條、形狀或色彩表現想法，並命名或賦予意義

二、就是喜歡你～

> 提問：你最喜歡好朋友哪些很厲害的表現？

> 請幼兒發表與分享。

我喜歡你～	因為……
小安喜歡→小璇	1.可愛 2.畫圖很漂亮
小丞喜歡→小霆	1.跑步跑很快 2.超級會踢足球
小凱喜歡→小瑩	1.字認超級多 2.很會幫教師做事情
……	……

↑語-小-中-大-2-3-2說出簡單的因果關係

三、好朋友之歌

> 自編兒歌——好朋友（ㄡ的押韻）。

> 兒歌唸誦＋打擊樂器→合奏。

> 經驗分享與發表。

好朋友
走走走，手拉手，開心上學交朋友
踢踢球，甩甩手，唱歌跳舞找朋友
點點頭，拍拍手，我們都是好朋友

↑自編兒歌～　　　　　↑兒歌＋打擊樂器合奏

↑美-大-2-2-3運用哼唱、打擊樂器或身體動作進行創作

↑語-中-1-2-1辨認兒歌與童詩的韻腳

活動後回饋

> 今天的自編兒歌，本來第一句是「走走走，手拉手，開開心心
> 上學去」，幼兒們注意到了走和去，唸起來怪怪的不太順，經
> 過討論之後，改為開心上學交朋友，幼兒們開始會注意到兒歌
> 韻腳的一致性了。

活動三：我想對你說～

學習資源

　　繪本──《我喜歡你！貓咪雷弟》（小天下出版）。

活動過程

一、繪本故事──《我喜歡你！貓咪雷弟》

 事先準備 ：老師事先把繪本封面「我喜歡你！」用紅貼布貼起來。

> 封面預測：
>
> 提問：
>
> 1.你從封面圖片看到了什麼？
>
> 2.被紅色貼布貼起來的4個字，你覺得可能是哪4個字？
>
> ↓幼兒的說法：

↓從故事封面上看到：

1.貓咪
2.腳印
3.紅色愛心
4.老鼠坐在貓咪的尾巴上
5.貓咪有鬍鬚的毛
6.老鼠手中也拿一個紅色小愛心
7.老鼠有一個白色的愛心尾巴
8.貓咪是拿大愛心，老鼠是拿小愛心

161

被紅貼布貼住的4個字，可能是～

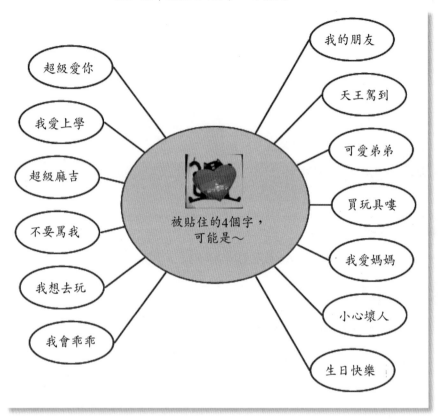

> 幸福故事時間：

　　1. 介紹書名、作者、翻譯及出版社。

　　2. 老師說故事。

　　3. 回想故事的角色和情節。

　　4. 請幼兒發表與分享。

　　↑語-小-1-5-2理解故事的角色

　　↑語-中-1-5-2理解故事的角色與情節

二、繪本延伸活動～我想對你說

➤ 學習單創作：

1. 創意思維：如果你是故事中的主角雷弟，你會想要對咪咪說哪句話呢？

2. 幼兒進行學習單創作。

3. 學習單作品經驗分享與發表。

↓雷弟想要對咪咪說的一句話～

↑美-小-中-大-1-2-3覺察並回應日常生活中各種感官經驗與情緒經驗

三、音樂遊戲～貓咪一家親

（類似口香糖的遊戲）

➤ 前言：

1. 老師：現在我們要鄭重的歡迎30隻最可愛的小貓咪蒞臨我們的會場。

2. 幼兒：要學貓咪～喵喵的可愛方式進場。

➤ 遊戲活動開始：

1. 配合音樂，讓幼兒隨音樂擺動肢體。

2. 聽老師的指令：小貓咪要轉圈圈了、小貓咪要吃午餐了、小貓

咪爬高高……。老師下了什麼指令，幼兒就利用肢體做創意的變化。

3. 遊戲口訣：貓咪～貓咪～屁股碰……。這時候，2至3位的小朋友的屁股就要碰在一起，並發出「喵」的聲音。

↓也可以玩：

貓咪～貓咪～ 肚子碰 、貓咪～貓咪～ 額頭碰 、貓咪～貓咪～ 腳底碰 、貓咪～貓咪～ 肚臍碰 、貓咪～貓咪～ 手掌碰 、貓咪～貓咪～ 膝蓋碰 ……可以無限創意。

★當老師帶了1至2次，幼兒瞭解玩法之後，可以選換幼兒輪流下指令。

↑屁股碰

↑膝蓋碰

↑腳底碰

↑額頭碰

↑身-小-中-3-1-1在創意想像的情境展現個人肢體動作的組合與變化

↑身-大-3-1-1與他人合作展現各種創意姿勢與動作的組合

☞ 活動後回饋

> 繪本封面原本寫有「我喜歡你」4個字，事先用紅色的膠帶把標題貼起來，貓咪配上紅愛心，應該可以引發很多的創意聯想，今天從幼兒的發表中發現到，原來班上的幼兒，4個字成語也還懂不少呢，很棒的嘗試～

> 擬人化的應用，效果超級好的，有的幼兒很內向，常常問他什麼，都以不知道回應，當幼兒成了貓咪雷弟，問他想要跟咪咪說哪一句話，連小班的都不用引導，通通都可以自己完成學習單的創作，原來擬人化也是一個很好的學習策略。

> 玩是幼兒的天性，什麼都可以創意的玩，透過繪本的主角貓咪，班上瞬間有了30隻貓，再加上遊戲，玩到欲罷不能，幼兒的創意無窮，連貓咪～貓咪～ 食指碰 、 掌心碰 、 腳掌碰 都出來了，這一個創意的遊戲點子，可以百搭在很多活動中，真好～

☞ 幼兒的發想

小宇：好朋友也可以是動物或是其他嗎？我的好朋友是我家的小黃貓
　　　欸……

小安：我的好朋友是表姊家的黃金鼠，好可愛喔。

　　　好朋友可以是動物嗎？當然是 ── 可以。於是我們利用繪本故事 ──《誰是你的好朋友》創意帶入～

活動四：誰是你的好朋友？

學習資源

　　繪本──《誰是你的好朋友？》（小魯文化）。

活動過程

一、繪本故事──《誰是你的好朋友？》

➤ 創意提問：封面上，你看到了哪幾種動物？

➤ 幸福故事時間：

1.介紹書名、作者、翻譯及出版社。

2.介紹書名及閱讀方向。

3.老師說故事。

4.老師就繪本故事內容與幼兒做互動式提問。

↑語-小-中-1-6-2知道書名的位置與閱讀方向

↑語-中-1-5-3知道書籍封面有書名，創作者和譯者的名字

二、七巧板創意排

➤ 每位幼兒分發一組七巧板（活動進行結束後，送給幼兒帶回家玩）。

➤ 讓幼兒進行創意排列（不設定圖案）。

➤ 幼兒實作經驗分享。

三、創意巧巧拼

➤ 事先準備：老師事先利用色紙切割七巧板片，每人一式7張（顏色各不同）。

➢ 幼兒進行創意拼貼～

➢ 收拾與整理。

➢ 作品與經驗分享。

　↓幼兒玩七巧拼的創意：

↑可愛的小狗

↑魚兒魚兒水中遊

↑二個好友在跳舞

↑幸福的家

↑美-中-大-2-2-2運用線條、形狀或色彩，進行創作

四、繪本故事——誰是你的好朋友？

➢ 閱讀策略→回想

➢ 提問：請按故事中的先後順序，說
　出有哪些動物。

➢ 請幼兒發表。

➢ 澄清與驗證：配合繪本一一驗證幼
　兒的回答。

↑語-小-2-6-1描述故事的主要角色

五、七巧板闖關大賽

（幼兒自發性提出要闖關比賽）

➤ 事先準備工作：

1. 七巧板底卡：老師把繪本中共有9個角色，先影印並按版面裁剪，分別貼在6大張A4紙上，6大張為一份，共有第一關和第二關兩種。

2. 印製闖關卡：分第一關和第二關（第一關完成再分給第二關）。

3. 七巧板：材質使用塑膠瓦楞片去裁切，大小需要配合七巧板底卡的尺寸。

第一關底卡：

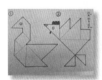

第二關的底卡：

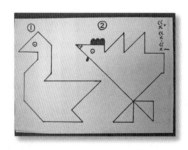

★每一個動物主角只有呈現外面的框線，不像第一關會呈現出7個七巧板的圖案，所以相對難度提高很多。

↑第一關闖關卡

↑第二關闖關卡

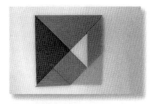
↑塑膠瓦楞版裁切的七巧板片

➤ 活動開始：

1. 每位幼兒先分發七巧板底卡6張一份、共有1至9個圖案闖關卡1張、七巧卡一份。

2. 幼兒開始利用七巧板把主角一個一個拼出來。

3. 拼完成好一個之後，舉手請老師來驗證是否正確，若是正確，老師會在闖關卡的號碼上蓋上印章，最後看看闖關幾個成功。

4. 每個幼兒可以視自己的能力去完成，當幼兒有些遇到關卡，老師只需從旁引導與鼓勵。

5. 收拾與整理。

6. 經驗分享與成果發表。

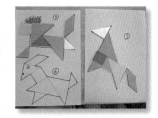
↑第一關七巧板闖關挑戰大賽～

169

  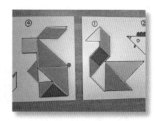

↑第二關七巧板闖關挑戰大賽～

↑社-小-中-2-2-3依據活動的程序與他人共同進行活動

● 活動小撇步

> 這邊說明一下有關塑膠瓦楞片和色紙要裁割七巧板的技巧，紙
  張和瓦楞片都需要是正方形，假設你班上有30位幼兒，可選定7
  種不同的顏色，依七巧板的7片形狀（圖一）做裁割；然後將這
  7片每片各選一個不同的顏色，就成了七巧板（圖二）了，如果
  7片都同一個顏色，比較單調，較難做變化。

✦圖一　　　　　✦圖二

> 幼兒們要參加闖關比賽，我們會事先在每一位幼兒的7片七巧板
  背後貼上姓名貼，防止在闖關進行中若不小心弄混了，方便容
  易辨識。

170

活動後回饋

➢ 這是一本很好延伸的繪本故事，故事中的好朋友都是動物，而且都可以用七巧板排列出動物的圖形來。

➢ 雖然只是七片小紙，但是創作出的主題，卻大大的不同，每一個創作都是很棒的驚喜。我們常常警惕自己，幼兒是要展翅高飛的老鷹，我們只要加以引導、鼓勵和支持，幼兒的能力就會出來，就有能力可以展翅飛出去，如果老師教太多，幼兒的潛能就出不來，因為都被老師壓抑住了，這一點很重要，要切記！要慎思！

➢ 故事的順序性很明確，都是幼兒喜歡的動物角色，所以把閱讀策略的回想能力加進來，讓幼兒去回想故事中，動物出現的順序為何？當幼兒回答之後，我們又進行一次快速的重複閱讀，順便加以驗證。從說故事→提問→重複閱讀→驗證，幼兒的閱讀力無形中就提升了。

➢ 班上幼兒的年齡分布三個年齡層，所以在七巧板的闖關大賽中，我們的底卡設計兩種版本，方便幼兒可以依照自己的能力去做嘗試，也可以挑戰更高階的學習。

活動五：我會交朋友

學習資源

繪本——《小不點交朋友》（格林）。

活動過程

一、繪本故事——《小不點交朋友》

➢ 幸福故事時間：

1.介紹書名、作者、翻譯及出版社。

2.老師說故事。

➤ 討論故事中的角色及之間的對話。

➤ 焦點提問：

1.題目：你會用什麼方法交朋友呢？

2.請幼兒發表。

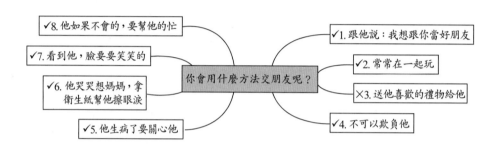

➤ 澄清與統整：

在第3項有幼兒提到，要送他喜歡的禮物給他，關於這點我們有引導思維與觀念澄清。

◆ 老師：為什麼要送禮給他呢？

幼兒：這樣他才會跟我做好朋友。

◆ 老師：如果有一天你沒禮物了呢？他因為沒有禮物就不跟你好了呢？

幼兒：那我就跟其他的人玩。

◆ 老師：小朋友，那你的好朋友都有送禮物給你，你才跟他當好朋友的嗎？

幼兒1：才沒有，我喜歡跟他玩，才一起當好朋友的。

幼兒2：大熊吉比也沒有送給小狐狸禮物，他們也是好朋友。

◆ 老師：如果是生日或是特殊的節日，可以自己做卡片送給好朋

友，祝福他或是邀請一起歡度節日，這樣是可以的。
如果一直花錢買禮物送他，只是爲了要當好朋友，你
們覺得如何呢？

幼兒：這樣就不是好朋友了，我也沒有那麼多禮物可以一直
　　　送。

◆老師：你們分享交朋友其他的方法都很棒，還會去關心好朋
　　　友，超讚的，所以在交朋友方法上，可以有很多種的
　　　選擇，祝福你們都可以交到好朋友喔～

↑語-中-1-5-3知道書籍封面有書名，創作者和譯者的名字

↑語-小-2-6-1描述故事的主要角色

↑語-中-2-6-1描述故事角色間的對話與情節

二、故事情節延伸活動～跟小不點玩變形遊戲

➢ 分發各式形狀色紙。

➢ 進行形狀色紙創意拼貼畫。

➢ 收拾與整理。

➢ 學習單作品分享與發表。

↑我們一起搭火車去玩　　↑我們在田裡一起，玩開　↑我和好朋友一起去花
　　　　　　　　　　　　　挖土機和稻草人的遊戲　　園城堡裡面散步

↑美-中-大-2-2-2運用線條、形狀或色彩，進行創作

三、創意學習單～情境題

> 緣由：昨天小恩要去上廁所時，不小心跌倒，經老師檢查之後沒有發現外傷，但老師發現到一件事情，好多小朋友去關懷他，這一個點讓我們老師想到這一個情境題，試看幼兒有什麼樣的反應。

> 題目：如果賽跑的時候，同學摔倒了，你會有怎樣的反應？

> 幼兒進行學習單創作。

> 收拾與整理。

> 學習單作品分享與發表。

↑叫他說「I can」，要勇敢就不會痛了

↑帶他去健康中心讓護士阿姨擦藥

↑抱抱他，給他加油！告訴他要勇敢不要哭！

↑社-中-大-2-2-2理解他人的感受和需要，展現同理或關懷的行動

● 活動後回饋

> 班上有些幼兒對於人際互動的能力很弱，甚至在和同學的互動時，也常有口角和爭執，透過這繪本的引導與討論，讓幼兒學

習交朋友的正確方法。

➤ 透過情境題，引導幼兒去思維，「當同學摔倒時，你會有怎樣的反應？」我們老師原本認為，應該都是正向的反應，但是卻未必，有幼兒表示，如果跟我是好朋友，我就幫他，如果不是，就裝作沒看到。

➤ 因著幼兒有上述的看法，我們有了另一個情境題的引導思維情境題：

1.我跌倒了，我會希望別人如何對我？

2.如果這個人不是我的好朋友，我希望他幫我嗎？

透過一再的思維→討論→澄清→討論→澄清，幼兒清楚的表達，跌倒時，希望有人可以幫忙的想法，即使路過的這位不是好朋友，也希望他可以幫忙自己。

➤ 其實，很多時候，老師真的不用說太多，把題目拋出來討論，全班30個頭腦激盪一下，很快就會有好方法出來了，而且還是經過一番思辨，更能深入幼兒的心中，比老師的講說更有效。

活動六：好朋友就是這樣嘛！

學習資源

繪本──《好朋友就是這樣嘛》（大穎文化事業）。

活動過程

一、繪本故事──《好朋友就是這樣嘛》

➤ 幸福故事時間：

1.介紹書名、作者、翻譯及出版社。

2.老師說故事。

3.探究故事中角色情緒產生的原因。

➢ 焦點提問：

1.你曾經因為什麼事情和同學不合或吵架？

2.當時你的感受？

3.你覺得怎麼做，可能會更好？

➢ 請幼兒發表與分享：

1.分享吵架或是不合的事件→當時心裡的感受（全部都講完）。

2.討論：如何做會讓情緒更好？

一、你曾經因為哪事，和同學不合或吵架？	二、你當時心裡的感受	三、如何做，會更好～
1. 搶玩具	很生氣	不要生氣，繼續一起做好朋友
2. 相撞	很痛、很想揍人	請同學跟我說對不起，就可以了！
3. 比賽輸了	想哭、不甘願	繼續加油，下次再贏回來就好
4. 同學插隊	很討厭、很生氣	告訴老師處理，並請他要排後面
5. 不小心被打到	很想打回去	報告老師請老師處理
6. 被同學嗆聲	嗆回去、討厭他	告訴對方，我們不要再吵了，繼續當好朋友
7. 同學開我玩笑	心裡不舒服	原諒他
8. 同學嘲笑我	超級不爽、想大叫	不要在意，請老師處理
9. 被同學罵	想罵回去	想他以前對我的好，就原諒他好了
10.同學騙我	也想騙他	告訴他，我們是好朋友，請不要再騙我了

教學小技巧

　一和二這兩部分先全部發表之後，再進行第三部分的發表。

↑情-中-大-3-2-2探究各類文本中主要角色情緒產生的原因

↑情-中-大-3-1-1知道自己複雜情緒出現的原因

↑情-中-大-4-1-1運用等待或改變想法的策略調節自己的情緒

二、演戲嘍～

➢ 討論故事情節。

➢ 角色分配。

➢ 製作道具、尋找適合的東西當道具。

➢ 排演→正式演出。

➢ 經驗分享與發表。

　　↑語-中-大-2-6-2說出、畫出或演出自己是敘事文本中的某個角色會有
　　哪些感覺與行動

◆ 活動後回饋

➢ 幼兒園階段的幼兒，常常會鬥嘴，一下子沒好了，一下子又和
好，一天中，這樣的次數可能比吃三餐還要多，如何在鬥嘴、
吵架或是不合的過程中，引導幼兒去省思自己複雜的情緒，還
要去轉化調適自己的情緒，這是一門很重要的課。

➢ 透過焦點提問，一步一步引導幼兒去回想自己當時的情緒，有
的幼兒會說出內心單一或是複雜的情緒，其實幼兒會表達出內
心的複雜情緒，這是很棒的，但更重要的是，需要去引導他運
用策略調整自己的情緒。

> 一開始每一個事件，幼兒從一→二→三，這三步驟一次進行，但發現效果不好，幼兒在述說一和二這兩部分時，當下的情緒有時候都還有點小激動，就要馬上討論調節情緒的方法，討論完又回到事件，幼兒的情緒隨著起起伏伏，感覺這樣的方式有點不妥。所以我們調整為，先把事件和情緒全部都講完之後，再一起好好的來想調整的方法，這樣討論起來的效果比較好。

活動七：長長久久的好朋友

學習資源

安全鏡子（教室扮演區的鏡子）。

活動過程

一、長長久久的好朋友

> 討論：

　　1. 好朋友為什麼會分開？

　　2. 跟好朋友分開，你可能會有的情緒？

➢ 請幼兒發表：

　　1.幼兒們總共說了12種可能讓好朋友分開的原因。

　　　↓幼兒的說法：

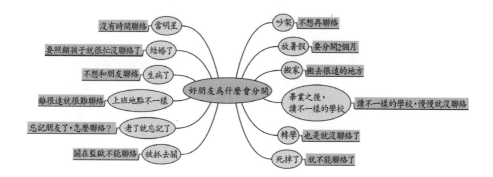

　　2.跟好朋友分開，你可能會有的情緒？

　　↑情-中-大-1-1-3辨識自己在同一事件中存在著多種情緒

二、創意學習單：我想跟你當長長久久的好朋友～

　➢ 題目：可以利用什麼方法，讓你和你的朋友，到長大之後，還

　　可以一直有聯絡？

　➢ 幼兒進行學習單創作。

　➢ 學習單作品分享與發表。

幼兒的創意分享：

↓下列的方法，可以讓好朋友，到長大後都還會繼續保持聯絡喔～

↑結婚要通知大家

↑用蘋果手機傳簡訊

↑常常相約一起賞花

↑常常一起喝下午茶

↑認-小-3-1-1探索解決問題的可能方法

三、好麻吉～另一個我

（幼兒自發性設計的活動）

➤ 引起動機：請幾位幼兒輪序出來對著鏡子任意做表情。

➤ 討論：從鏡子中看到了什麼？

↓幼兒的說法：

1.覺得動作很好笑。

2.鏡子裡面的人跟真的人不太一樣欸。

老師：哪裡不一樣？

3. 感覺怪怪的，小芃的左邊耳朵有一個黑點，但是在鏡子裡面變成在右邊欸。

4. 鏡子裡面的人和真的人看起來是一模一樣。

5. 看起來是一樣，但是方向是顛倒的（耶！大班的幼兒發現了）。

➤ 遊戲規則：（幼兒們討論制訂的）

1. 二個好朋友一組，一個叫奇奇，一個叫蒂蒂（這是幼兒們命名的），當奇奇擺出一個動作，並說出「請你跟我這樣做」，蒂蒂要馬上擺出一模一樣的動作來，並跟著說「我會跟你這樣做」。

2. 換蒂蒂擺出一個姿勢，奇奇要模仿得一模一樣，互相交替。

3. 每人想出3個動作，換下一組。

➤ 玩「好麻吉～另一個我」的遊戲嘍。

➤ 場地復原與整理。

↑玩「好麻吉～另一個我」的遊戲——請你跟我這樣
做，我會跟你這樣做——動作都要一模一樣喔

↑身-小-1-1-2模仿身體的靜態平衡動作

↑社-大-2-3-3與他人共同訂定活動規則，遵守共同協議

☛ 活動後回饋

> 從為什麼會和好朋友分開的討論→分開的情緒是如何→如何可以當長長久久的朋友，我們這一次把情緒也帶進來，讓幼兒去探討和好朋友分開之後，可能有的情緒，或許幼兒還沒有這樣的經驗，但可以引導去思維看看，原來幼兒可能有這樣的情緒。

> 要如何才可以當長長久久的好朋友？喝下午茶、手機傳簡訊、辦同學會、一起去旅遊等，很多的方法都是可行的，幼兒其實知道很多方法，這些方法，應該都是從家長那邊學習到的。例如媽媽會跟阿姨去喝下午茶，媽媽說那阿姨是她的高中同學，所以幼兒連結到，原來喝下午茶會讓好朋友可以長長久久。再一次印證，生活經驗的累積和學習，對幼兒是很重要的。

> 「好麻吉～另一個我」這個遊戲，是幼兒們發現到，好朋友在一起久了，很多動作、說話甚至笑聲，都會變得很相似，所延伸出來的活動，幼兒們今天還票選出，笑容、笑聲和動作最像的三組超級麻吉，哈！真的是超像的～真的要佩服幼兒細膩的觀察。

↑笑容很像　　　↑笑聲很像　　　↑動作很像

活動八：我想寫信給你

● 學習資源

　　事先徵求家長同意，可以邀請幼兒分享家中的信件，老師也事先準備自己的信件分享，信封、郵票、糨糊、信紙、寄件人和收件人的地址。

● 活動過程

一、信是什麼？

➤ 分享：

1. 老師分享自己事先所準備的信件。

2. 邀請有帶信件來園的幼兒出來分享。

3. 幼兒經驗分享與發表。

➤ 幼兒的提問：為什麼要寫信給人家？

↓幼兒的說法：

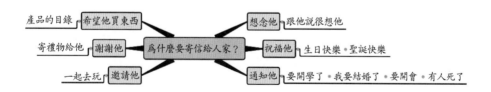

↑語-大-2-2-2針對談話內容表達疑問或看法

幼兒的疑問來了～

為什麼信件有那麼多種？

1. 小瑩說：「爸爸說那種紅色的信，是要去請客的，但是要包紅包。」

183

2.小宜說：「百貨公司都會寄信給我媽媽喔，我最喜歡看裡面的玩具。」

3.小霏說：「我有收過從國外寄來的聖誕節卡片，媽媽說那是聖誕老人寄來的。」

……

二、信的種類

➤ 分組討論與實作：你們所知道的信件有哪幾種？請把它畫出來。

➤ 小組分享與發表。

➤ 統整：統整各小組的分享結果，幼兒們知道的信件種類共有五種類。

1.信→一般的信、寄資料的大信

2.卡片→生日、聖誕節

3.廣告→百貨公司、化妝品（根據幼兒畫的符號可能是DHC）、全聯

4.喜帖→有要包紅包的、邀請卡（幼兒說是醫師公會邀請他們全家要去玩的）

5.包裹（幼兒說禮物）→黑貓車載來的（有的要交錢給司機、有的要去7-11領）

↑一般信件，有大小之分　　↑卡片　　　　　　　　↑廣告單

↑喜帖、邀請卡

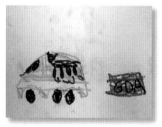
↑宅急便送來的包裹

↑認-小-中-1-3-2以圖像記錄生活物件的特徵

↑認-中-大-2-3-1依據特徵為生活物件分類並命名

三、寫信前的準備

➤ 討論：

1.寫信需要用到哪些物品？

2.你在信封上曾經看到什麼？

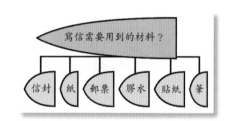

寫信需要用到的材料？

信封　紙　郵票　膠水　貼紙　筆

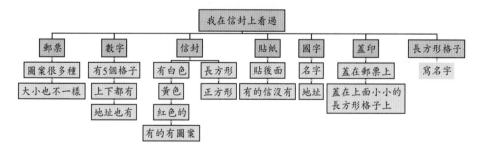

我在信封上看過

郵票	數字	信封		貼紙	國字	蓋印	長方形格子
圖案很多種	有5個格子	有白色	長方形	貼後面	名字	蓋在郵票上	寫名字
大小也不一樣	上下都有	黃色	正方形	有的信沒有	地址	蓋在上面小小的長方形格子上	
	地址也有	紅色的					
		有的有圖案					

↑語-大-2-2-3在團體互動情境中參與討論

185

四、寫信了～

> 練習寫信給好朋友：

　　1.學習單畫信實作：幼兒用圖像記錄，老師幫忙書寫文字紀錄。

　　2.幼兒作品分享。

★小霆→寫給小辰的信  上次去參加北回盃足球比賽很開心，希望下次還有機會可以一起去～	★小廷→寫給小天的信  小天，我很喜歡你，希望我們可以一直當好朋友。
★小瑩→寫給小璇的信  我想要和你一起去「北歐工坊」喝咖啡～	★小安→寫給小婷的信  今年的過年，我們可以一起去臺北101大樓看煙火嗎？

↑語-中-大-1-4-2知道能使用圖像記錄與說明

↑語-中-大1-7-2知道能使用文字記錄與說明

五、寄信的準備工作

> 背景知識：幼兒從前面的討論中瞭解到，寄信時，封面必須要有地址、人名、郵票。

幼兒的發現～

小宜提出：在路上看過郵筒有分紅色和綠色，我們的信是要投　　　　入什麼顏色的郵筒？

老師：有沒有小朋友知道，紅色郵筒和綠色郵筒有什麼不一　　　樣？

小辰：我知道紅色的會很快把信寄到，上次我有跟爸爸去寄資

料給阿伯，爸爸有告訴我。

老師：哇！小辰好厲害喔！原來把信投進去紅色的郵筒，信會
　　　比較快寄到喔～

老師心裡很開心，因為又可以拋下一個問題了……

問題來了～

老師：那有沒有誰知道？如果我們這一次要寄的信，投紅色的
　　　和投綠色的郵筒，郵票是貼一樣的價錢嗎？

小廷：我覺得比較快到的，應該郵票會比較多錢。

老師：那是要貼多少錢的郵票呢？

　　　全班一片安靜，都沒有人繼續回應了……

　　　老師繼續鼓勵幼兒，有沒有其他的辦法……

　　　這時候有幼兒說了，「可以讓我們去問其他的老師嗎？」

太好了……老師等著就是你們可以學習自己去解決問題

老師：你們覺得學校有誰可以幫助你們呢？

幼兒：黃主任、楊老師、李主任、阿德老師、阿信叔叔、護
　　　士阿姨（2位當天公出）。

　　　選派中、大班12位幼兒分成4組分批前往詢問（由黃老師、
替代役哥哥協助安全管理）。

★統整幼兒的回報訊息：

ⅰ. 綠色是平信，要1至2天才會收到；紅色是限時，比較快收
　　到。

ⅱ. 如果是綠色平信一般重量不超過20公克，郵票需要貼5元；
　　如果是紅色限時信一般重量不超過20公克，郵票需要貼12
　　元。

187

> 幼兒決議：寄一般平信，貼5元的郵票。
> 寄信的工作分配：

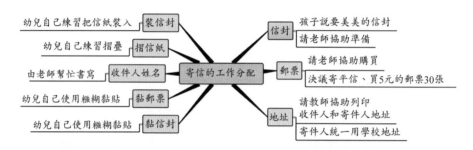

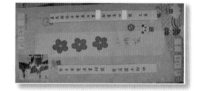

↑練習黏貼寄件人、收件人的地址及郵票　　↑信件完成了喔～

↑語-大-2-2-2針對談話內容表達疑問或看法

↑認-大-3-1-1與同伴討論解決問題的方法，並與他人合作實際執行

↑社-小-中-3-1-1自己能做的事情自己做

六、出發寄信了～

> 每位幼兒自己負責檢查信件是否有黏貼完整。
> 分組排隊。
> 準備出發寄信了（地點：雙溪里的公車站）。

> 練習投遞信件到綠色郵筒～
> 順道社區巡禮（幼兒一路上，對招牌的字很有興趣，很多字甚至都可以正確認出來）。
> 寄信的經驗分享（回到教室）。

↑ 出發寄信了

↑ 說明寄信該注意的細節

↑ 我會寄信喔

↑ 社區巡禮

↑語-大-1-7-1從生活環境中認出常見的文字

↑社-小-2-3-2聽從成人指示，遵守生活規範

↑社-幼-3-1-2對自己完成的工作感到高興

七、好朋友的來信

> 說明：寄信後隔天，詢問家長，發現沒有人收到信，第二天陸續有人收到了，第三天經過確認，全班都收到了，所以在寄信後第四天，我們才進行這一個活動。
> 分享：請幼兒出來分享收到信的心情。
    ↓幼兒的說法：

1.很開心　2.擔心沒收到　3.會不好意思（用臺語歹勢說的）　4.很緊張　5.寄信後的第一天沒收到，有點難過，第二天收到很開心　6.阿嬤說，囝仔哪會有信，教我不要等（臺語）　7.要打開信封時，怕會撕破，請爸爸幫我撕開的　8.覺得很奇妙，把信投進去，在家就可以收到

> 喜歡，就大聲把信唸出來～

　1.老師先把所有的信都收回來。

　2.這個活動的進行方式有二種（以幼兒的成熟度與能力，由老師自行決定）。

　3.隨意抽出一張信，因為信上都有寄件人的簽名和蓋章（以示愼重），請這封信的雙方主人都出來，請寄件人對著收件人，把信的內容清楚的唸出來～（玩法一）

　4.請寄件人唸完信的內容之後，收件人要立即出來站到寄件人的旁邊，當初收到信的時候，收件人都有看過信的內容了，順便藉這機會，測試一下收件人是否知道這信是寄給自己的。（玩法二）

　5.有些信件內容會需要收件者的回應，鼓勵收件者依據信件內容予以回應。（例如：我想和你當永遠的好朋友，可以嗎？……）

↑喜歡，就要大聲唸出來～（玩法一）　　　↑這是好友給我的信（玩法二）

↑語-大-2-2-1適當使用音量、聲調和肢體語言

↑社-中-2-2-1表達自己並願意聆聽他人想法（寄件人）

↑社-大-2-2-1聆聽他人並正向回應（收件人）

☛ 活動後回饋

> 從寫信→寄信→收信，中間的過程，很多都是由幼兒自己去找尋答案，可以請教師長，也可以回家問爸媽，全班在一起討論→澄清→決議。

> 在寫信給好朋友這個部分，我們事先注意到，有4位小朋友剛好沒人寫信給他們，為了尊重幼兒的選擇，我們不打算重新調整幼兒的選擇寄信對象，我們私下拜託這4位小朋友的好朋友（優先請大班的幼兒協助），請他們每個人再多寫一封信，這樣全班就都會收到信了，如果沒有注意到，萬一有幼兒等不到信，這樣就不太好了，這一點很重要，下次有這樣的活動，這一點一定要注意。

> 幼兒注意到郵筒有綠色和紅色二種，並提出問題，要選哪一種？有什麼不同？幼兒等不及回家問家長隔天討論，於是分組出發請教了校園中的師長，最後幼兒們決議要寄貼5元郵票的平信，因為他們覺得12元好貴喔，還是5元就好，有省錢概念，不錯喔～

> 在寄信工作分配上，我們儘量讓幼兒自己完成，除了因為幼兒還不會寫字，所以收件人由老師代筆，地址也是由老師打字列印切割好，讓幼兒自己去練習黏貼，雖然有的幼兒把郵票和地址黏得歪歪的（但郵差先生仍可以看得懂），但我們仍堅持讓幼兒體驗，一次次，幼兒就會進步的。

191

> 寄信時，幼兒發現到，我們社區的郵筒，怎麼跟朴子郵局門口和電視上看到的不一樣，社區的郵筒比較小，而且是掛在牆壁，一般的都是站立著。幼兒發現到的問題，我們請雜貨店的老闆娘阿嬤為幼兒說明，阿嬤說這邊一天郵差只有收一次信，這邊只能寄一般的平信和限時信而已，也因為寄信的人不多，所以用這小小的信箱就夠了，大部分的人都會去朴子郵局，因為朴子還可以寄掛號、包裹，原來小信箱的由來是這樣。

> 為什麼要請幼兒把信大聲唸出來？因為我們覺得，這不僅是一種禮貌與尊重，更能讓幼兒有發表的機會，還可以增進同儕間的學習與彼此之間的互動。原本前面幾位的聲音都很小，但阿霆在唸的時候，他的聲音丹田十足，從他之後，每一位聲音就都變大了，這就是好的學習和模仿。

活動九：小小貝克漢～

☞ 學習資源

足球。

☞ 活動前說明

> 足球一直是我們園所極力推動的球類運動之一，且國小部的彥鈞主任長期義務協助指導，我們還會組隊參加雪花盃、北回盃的幼兒足球比賽，幼兒們很渴慕可以和好朋友一起參加這樣的比賽，在進行這主題課程時，期間剛好遇到雪花盃足球賽，所以我們就把這活動納在這主題中來延伸～

> 這活動不是只有比賽那一天，而是透過長期每週固定的練習→

參加比賽的過程，在這邊所分享的是以參加比賽的過程中，幼兒從球衣的票選、平日的練習、自己想的策略等等的學習經驗為主，一切的學習與努力，都只是想要跟好朋友可一起去參加足球比賽。

● 活動過程

一、耶～選球衣嘍

➢ 緣由：我們一直沒有自己的足球衣，每次去比賽都是穿自己縫製的號碼衣而已，很關心雙溪幼兒們一切活動的旺旺叔叔——張旺順先生，提議願意出錢幫幼兒購置比賽球衣，因為是幼兒要穿的球衣，所以我們讓幼兒自己票選決定。

➢ 票選球衣：

1.請廠商提供衣服目錄。

2.請幼兒選出自己最愛的顏色（在喜歡的球衣格子內，貼上自己的姓名貼）。

3.統計票選結果（橘色11票、藍色13票、淺綠色5票）。

4.由 藍色球衣 拿到代表權。

↑自己縫製的號碼衣　　↑幼兒親自票選球衣　　↑由藍色球衣獲得最高票

➢ 問題來了～

我們要訂購20套，但是廠商說藍色只有11套存貨，橘色有20

套，綠色8套，比賽在即，還要印上號碼，廠商建議我們做修改。

討論

1. 更改爲藍色10套，橘色10套？

2. 全部都改爲橘色？

發表

幼兒：我們都是雙溪幼兒園的，有的穿藍色有的穿橘色這樣很
　　　怪欸。

老師：不會啊，也可以雙溪藍隊和雙溪橘隊啊。

幼兒：這樣就分成二國了。

幼兒：不然都改橘色好了。

表決

1. 全部改成橘色：24票。

2. 一半藍色一半橘色：5票。

決議

1. 橘色18套。

2. 藍色2套（守球門需要穿不一樣顏
　色的球衣）。

↑社-小-2-1-3根據自己的想法做選擇

↑社-中-2-1-3調整自己的想法去行動

↑幼兒們自己選出的球衣

二、幼兒發現到的問題與修正和克服

　　（這是一段時間陸續有狀況出現，透過問題→討論→修正→再嘗
試，把狀況作處理。）

> **問題一**：人太多了，30位全部下場，大家都擠在一起，只是擠來擠去，都踢不到球。

老師的發現

我們老師也意識到這樣的狀況，大家都擠在一起搶踢那顆球，尤其年紀小的，沒有受過一些足球的基本練習，甚至在關鍵時刻，就直接用手把球拿起來，有些跑一跑累了，就直接坐在球場上休息。

幼兒的反應

有些小朋友都不守規矩，球都亂踢，只有守門員可以用手摸球，他們也不是守門員，都亂拿球，還有小朋友在拔草，很怕踢到他們。基於大幼兒的反應與建議，於是我們做了以下的修正。

修正

把現有30位幼兒分為二組進行：

1. 足球組：中、大班幼兒共有18位，分黃藍二隊對抗，每隊9人。
2. 運球組：先練習點球、運球等一些足球的基本功，再嘗試：整個狀況好多了，至少就像幼兒說的，終於可以踢到球了～

↑修正前：全部擠在一起　　↑修正後：足球組練習對抗中，運球組練習運球中

↑社-大-2-1-3適時調整自己的想法與行動嘗試完成規劃的目標

➤ 問題二：有的小朋友都亂踢，搞不清楚自己是哪一隊。

討論

　　有什麼方法，可以讓小朋友不要踢錯邊，而且清楚知道自己是哪一隊？

發表

幼兒：同一隊的人穿一樣的衣服，就不會亂了。

老師：那衣服要如何安排穿法？

幼兒：每次要練球黃隊就穿運動服來，藍隊就穿制服，這樣就
　　　可以分清楚了。

幼兒：可是這樣，媽媽會記得起來要穿什麼衣服嗎？衣服會不
　　　會穿錯來學校？

幼兒：我們的號碼衣是黃色，那黃隊就穿號碼衣，一隊有穿，
　　　一隊沒穿，就很清楚知道誰是哪一隊了。（賓果，好棒
　　　的答案！）

修正

　　以後要練球的時候，請黃隊穿上號碼衣。

再嘗試

　　號碼衣一穿上去之後，二隊的人員就很清楚的可以辨識
了，攻與守可以很清楚的知道，踢錯邊的狀況就減低很多了。

↑認-大-3-1-1與同伴討論解決問題的方法，並與他人合作實際執行

修正前：
大家衣服都差不多，分不出誰是黃隊、誰是白隊

修正後：
黃隊穿上號碼衣，就很清楚可以分辨誰是黃隊、誰是藍隊了

➤ 問題三：大家都去追球，球門前沒有人幫忙擋球，很容易就被進球得分了。

老師的發現

這是事實，沒有隊形就只能夠跟著球跑，球到哪裡，人就到哪裡，如果對方是有策略的球隊，我們就會輸分很快。

幼兒的看見

有時候球往對方的方向踢去，到一半就都被擋下來了，就沒辦法進球門得分，幼兒覺得應該要安排位置守備，比較有得分的可能。

修正

在球場上實際調整角色及守備位置：比賽一次需要7人下場，我們經過多次修正之後，調整為守門1人、後衛2人、中鋒1人，前鋒2人去搶球與進攻，1人在對方的球門前等待接應與射門。老師還利用黃、藍磁鐵，進行球場比賽的戰備位置說明。

197

再嘗試

經過這樣的安排，只要對方的球要進入我們的區域，後衛就會迅速把球踢離開，減少對方進球得分的機會。而且我們有一位暗藏在對方的球門前，只要球一過中線，我們進球的機會很大，但在過程中，我們也調整過二次選手，因為如果幼兒腳力不夠，踢歪了或是踢不進去也是很可惜的。

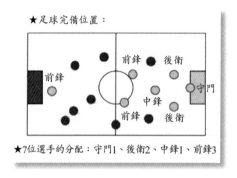

★足球完備位置：

前鋒　前鋒　後衛　中鋒　前鋒　後衛　守門

★7位選手的分配：守門1、後衛2、中鋒1、前鋒3

↑認-大-3-1-1與同伴討論解決問題的方法，並與他人合作實際執行

➢ 問題四：希望練球的時間，可以準時來練習。

幼兒的看見

有些同學都很慢才來上學，在練習的時候，人數如果不夠，有時候是很難踢球的。像少了守門員就沒人守門，這樣就會一直被進球得分的。

討論

練球的時間，如何可以不要遲到？

發表

幼兒：如果三次遲到就不要讓他參加比賽。

幼兒：有準時來的就給他貼一個小圓點，點數可以一直累計，
　　　如果有夠的話，畢業典禮就可以領到足球一顆，我哥哥
　　　有領一顆足球，我也想要領。

> 表決

足球隊有14位幼兒，有12位同意。

幼兒：那是幾點以前要到呢？

老師：我們從8：20開始練球，請大家準時喔，祝福大家都可以
　　　領到足球。

↑社-大-2-3-3與他人共同訂定活動規則，遵守共同協議

三、幼兒這段期間的努力

> 繪製足球場及模擬：幼兒常常有機會，就會聚在一起繪製足球
> 場，並模擬守備位置。

> 實際模擬對抗：利用國小部一、二年級小朋友體育課，一起模
> 擬對抗練習。

> 觀賞世界足球盃的影片：

緣由：小丞是一位很熱愛足球的幼兒，球踢得很厲害，技巧也
　　　很多，常常會跟同學分享他跟爸爸看世界足球賽影片的
　　　心得，許多幼兒聽了很羨慕，也很想看看～

↓幼兒的看見：

1. 他們球員的臉和說話都跟我們不一樣，場地周圍出現的字也跟
   我們不一樣。

2. 都是大人在比賽，沒有小幼兒。

3. 超級厲害的，常常就射門得分。

4. 他們的守門員身體很會跳起來用雙手擋球，球守得很棒。

199

5. 他們每個人都很會跑，不會有人站著不會動，而且眼睛都會一直看球。

6. 守門的人衣服真的跟其他人不一樣。

➢ 每週固定的集訓練球：這段集訓期間，每週一、三、五，利用上午8：20～8：50練球。

↑畫足球場模擬守備位置

↑邀請一、二年級模擬對抗練習

↑主任義務指導足球相關技巧

↑利用早上集訓練習

四、雪花盃足球賽～開賽了

➢ 前置作業：分發球衣、襪子回家事先清洗→人車分配→準備餐點、茶水、護脛、小椅子→保險→分發通知單。

➢ 比賽當日大致流程：1.選手集合→2.出發到比賽場地→3.熟悉場地、暖身運動→4.等候比賽→5.比賽→6.休息→7.比賽→8.午餐→9.休息→10.比賽→11.頒獎→12.回學校。

➢ 比賽成果：榮獲雪花盃幼兒足球賽第5名佳績。

↑每位小小貝克漢在球場上勇猛奮戰，榮獲第5名
的佳績

↑感謝彥鈞主任和旺旺
叔叔

🖝 活動後回饋

➢ 感恩旺旺叔叔的贊助，讓幼兒有票選球衣的經驗學習，雖然選衣過程中有波折，剛好藉這機會，讓幼兒們有機會可以表達自己的想法，更從中學習尊重他人的決定。

➢ 幼兒面臨的4個問題，都是很實際也跟幼兒本身有切身的關係，所以由他們自己去發現問題→討論→努力想辦法解決，尤其問題三，一直是幼兒很難克服突破的地方，因為幼兒一下場，大部分都只顧踢球，很少願意和別人傳球配合的，一開始這位在敵營的前鋒，我們換過好幾位，因為幼兒都不願意，他們喜歡去衝去跑，就是不喜歡這一個角色，因為可能一場球賽，這一個角色踢不到幾個球。

➢ 我們努力的跟幼兒溝通，也讓幼兒自己實際去畫球場模擬，幼兒漸漸看到自己隊的弱勢和不足，彼此才願意傳球和配合，也認同這一個角色的重要，也因著有這個角色的策略，才讓我們可以勇奪第5名的佳績。

➢ 在這過程中，謝謝立丞分享看世界足球賽的經驗，這是一個很棒的點子，雖然幼兒的比賽沒有世足這樣的專業，但這也是一個趨入足球的啟蒙好方法。

活動十：「超級麻吉～有你真好」主題活動成果

學習資源

　　創意學習單、主題相關活動照片和影片。

活動過程

一、主題活動成果

　　➢ 活動成果欣賞：

　　　　1.準備工作：主題的相關活動照片，事先製作成簡報和影片。

　　　　2.成果欣賞：全班一起共同欣賞這個主題的成果。

　　➢ 幼兒經驗分享與發表。

　　　　社-小-2-3-1在生活情境中學習合宜的人際禮儀

二、未來有你～

　　➢ 創意思維：當你已經和爺爺、奶奶年紀一樣大的時候，你最想
　　　要和好朋友做哪些事？

　　➢ 幼兒進行學習單創作。

　　➢ 學習單作品經驗分享與發表。

↑拿柺杖一起去散步

↑喝下午茶、聊天

↑一起泡茶、下棋

↑一起去廟口看戲　　　↑比賽踢足球　　　　↑蓋一棟房子，大家住
　　　　　　　　　　　　　　　　　　　　　一起

☛ 活動後回饋

> 教學29年來，第一次進行這個「未來有你」的活動，以前很少和幼兒討論和趨入這一個未來的議題，從幼兒的學習單分享中，發現到，幼兒的許多背景知識，應該是來自於環境和經驗的學習，感覺很棒，我們的幼兒對未來、以後，已經有些許的概念了。

> 主題活動成果用照片和影片呈現，陪幼兒再一次經歷這活動的過程，這樣的方式很棒！因為每一個活動都是幼兒親自走過的，所以在經驗分享部分，幼兒發表很踴躍，很多當時的活動細節，透過照片，鮮明的記憶回來了，又幫幼兒統整了一次！真是棒！

第五篇

幼兒園階段課程與
教學設計實務（四）

課程與教學名稱
就是愛地球

一、課程與教學設計理念

　　放完寒假回來，幼兒們的興趣和討論話題，都繞著寒假期間家人開車，全家去哪裡玩的話題，所以原訂想要進行有關「超神奇車子」這個主題活動，連「超神奇車子」相關的想法和概念也都已經討論出來了，就在進行「超神奇車子」主題活動的第三天，學校舉辦了一場環境教育課程宣導講座，在那活動當中，幼兒被北極熊吸引了，我們超神奇車子的主題徹底被洗牌了，幼兒關注的焦點和興趣，從車子變成了北極熊和中途島的海鳥。

　　宣導中提到，因為全球暖化造成的影響，地球溫度愈來愈高，讓冰山漸漸的融化了，首先最能感受到威脅的是北極熊，由於北極熊棲息於冰山，經常抓魚上岸休息，冰山融化，使得北極熊們就快要沒有能夠棲息的地方，至於北極熊溺死的案件日漸頻繁，也就是這個原因。在這個惡劣的環境中，飢餓的北極熊無法依靠浮冰來獵捕食物，進而導致北極熊開始出現百年以來從未發生過的同類相殘案件。

　　至於海鳥的部分，則是因為海洋的汙染，讓海鳥媽媽常常誤食許多塑膠袋或是垃圾，而將這些餵食幼鳥，造成許多幼鳥來不及長大就宣告夭折死亡。

　　對於北極熊因為地球暖化而沒有了家，以及海鳥媽媽的幼兒來不及長大就死亡，幼兒們感覺很難過，幼兒們想要幫北極熊重建家園，以

及希望可以減少海洋垃圾的汙染。一開始，我們也覺得對老師而言，這是一個很大的功課與挑戰，因為這是全球共同的事情，很多大人都做不到了，小小的3至6歲娃，可能嗎？可是不去嘗試看看，怎知道是否不可行？

如果幼兒從現在小的時候，就養成正確的生活習慣與態度，地球就可能有被拯救改善的機會。幼兒不僅可以從自己開始，透過幼兒還可以有改善家長的可能，所以這一個主題課程，我們決定以幼兒可以努力與做到的方向去探索。

二、課程與教學設計主題概念網

幼兒們知道要幫助北極熊重建家園和減少海洋汙染，跟愛護地球是脫離不了關係的，所以請幼兒發表對「愛地球」的經驗聯想。

在這方案中，幼兒將進行「動物生存的危機」、「健康飲食」、「健康生活」、「資源再利用」、「愛地球行動」這五概念的探索。至於「汙染源」、「氣候變遷」和「相關地點」，則不在此主題探討中。

三、課程與教學主題事後網

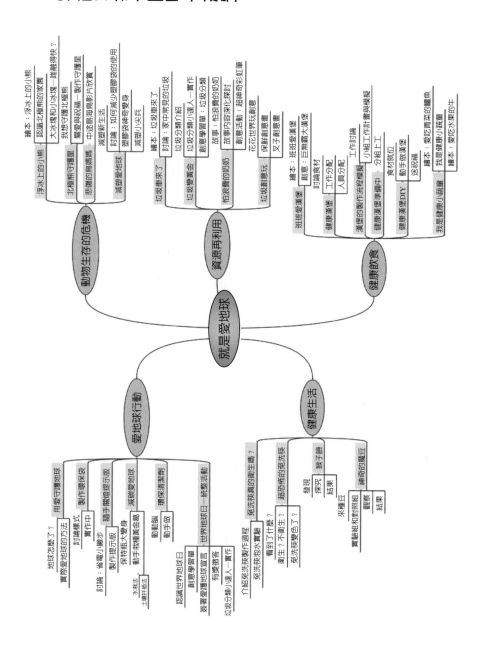

四、本單元的學習指標

		第一部分：動物生存的危機
活動一	浮冰上的小熊	語-中-大-2-6-2　說出、畫出或演出自己是敘事文本中的某個角色會有哪些感覺與行動 語-中-1-5-3　知道書籍封面有書名，創作者和譯者的名字 社-小-3-4-1　關懷愛護動植物 認-小-中-大-1-3-1　觀察生活物件的特徵 認-中-2-3-2　與他人討論生活物件特徵間的關係
活動二	北極熊守護星	美-中-2-2-1　運用各種視覺藝術素材與工具，進行創作 社-中-2-2-2　理解他人的感受和需要，展現同理或關懷的行動
活動三	悲傷的鳥媽媽	語-大-2-2-2　針對談話內容表達疑問或看法 社-中-大-3-4-1　樂於親近自然、愛護生命、節約資源
活動四	減塑愛地球	語-小-中-大-2-3-2　說出簡單的因果關係 認-小-3-1-1　探索解決問題的可能方法 社-中-大-3-4-1　樂於親近自然、愛護生命、節約資源 認-大-1-1-7　運用標準單位測量自然現象或文化產物特徵的訊息 認-小-1-3-2　以圖像記錄生活物件的特徵 社-大-2-1-3　適時調整自己的想法與行動嘗試完成規劃的目標
		第二部分：資源再利用
活動一	垃圾車來了	語-小-2-6-2　說出或畫出敘事文本中印象深刻或喜歡的部分 社-中-大-3-4-1　樂於親近自然、愛護生命、節約資源
活動二	垃圾變黃金	社-中-大-3-4-1　樂於親近自然、愛護生命、節約資源 認-小-2-3-2　比較生活物件特徵間的異同
活動三	故事～ 怕浪費的奶奶	語-中-2-6-1　描述故事角色間的對話與情節 社-中-大-3-4-1　樂於親近自然、愛護生命、節約資源 美-小-2-2-1　把玩各種視覺藝術的素材與工具，進行創作

活動四	垃圾創意玩～	美-小-中-大-1-1-1　探索生活環境中事物的美，體驗各種美感經驗 美-大-2-2-1　運用各種視覺藝術素材與工具的特性，進行創作 美-小-3-2-1　欣賞視覺藝術創作，描述作品的內容
	第三部分：健康飲食	
活動一	班班愛漢堡～	語-小-中-1-6-2　知道書名的位置與閱讀方向 語-中-1-5-3　知道書籍封面有書名，創作者和譯者的名字
活動二	健康漢堡	認-中-3-1-1　參與討論解決問題的可能方法並實際執行
活動三	漢堡製作流程模擬～	認-大-3-1-1　與同伴討論解決問題的方法，並與他人合作實際執行
活動四	健康漢堡準備中～	認-大-3-1-1　與同伴討論解決問題的方法，並與他人合作實際執行 認-大-3-1-2　與他人共同檢視問題解決的過程
活動五	健康漢堡DIY～	社-小-中-2-2-3　依據活動的程序與他人共同進行活動 身-中-大-2-2-3　使用清潔工具清理環境
活動六	我是健康小蔬童	語-中-1-5-2　理解故事的角色與情節 語-大-1-5-3　辨認與欣賞創作者的圖像細節與風格
	第四部分：健康生活	
活動一	免洗筷真的衛生嗎？	認-中-3-1-1　參與討論解決問題的可能方法並實際執行
活動二	超恐怖的免洗筷	認-大-3-1-2　與他人共同檢視問題的過程
活動三	猴子臉？	認-小-中-大-1-3-1　觀察生活物件的特徵
活動四	神奇的魔豆～	認-小-中-大-1-2-1　觀察動植物的生長變化
	第五部分：愛地球行動	
活動一	用愛守護地球	認-中-3-1-1　參與討論解決問題的可能方法並實際執行
活動二	環保袋	美-中-大-2-2-2　運用線條、形狀或色彩，進行創作
活動三	隨手關燈提示板	語-大-2-2-3　在團體互動中參與討論

活動四	減碳愛地球	認-小-中-大-1-2-1　觀察動植物的生長變化 認-中-2-2-3　與他人討論動植物與生活的關係
活動五	環保清潔劑	認-中-3-1-1　參與討論解決問題的可能方法並實際執行 認-大-3-1-1　與同伴討論解決問題的方法，並與他人合作實際執行
活動六	世界地球日 ——主題統整活動	社-中-大-3-4-1樂於親近自然、愛護生命、節約資源 認-大-3-1-1與同伴討論解決問題的方法，並與他人合作實際執行 社-小-中-2-2-3依據活動的程序與他人共同進行活動

四、課程與教學設計活動實例

第一部分：動物生存的危機

提到北極熊時，阿恩分享說，上次在書局看到一本故事書的封面，有一隻北極熊站在冰塊上，感覺北極熊好可憐喔～

經過搜尋之後，原來是《浮冰上的小熊》這本繪本，沒想到這繪本，竟點燃了幼兒想要守護北極熊及愛護地球的心。

環境教育宣導中，也有介紹中途島的海鳥，因為大量海洋垃圾而造成許多幼鳥死亡的相關影片，幼兒的慈悲心再度升起，也深入討論而有了減塑這一個活動產出，透過減少塑膠袋的使用，還給地球一個乾淨的樣貌，更希望不會再有因為母鳥的誤食與餵食海洋垃圾，而造成幼鳥的死亡。

● 學習資源

　　繪本——《浮冰上的小熊》（維京出版社）、心形塑膠瓦楞片、美勞黏貼素材、白膠（保麗龍膠）、減塑愛地球的簡報或影片、砂紙、粉蠟筆。

活動一：浮冰上的小熊

● 活動過程

一、幸福故事時間

　➤ 介紹書名、作者、翻譯及出版社。

　➤ 老師說故事。

　➤ 討論：如果你是小熊，你會有哪些感覺和行動？

　➤ 幼兒經驗分享與發表。

　　↑語-中-大-2-6-2說出、畫出或演出自己是敘事文本中的某個角色會有哪些感覺與行動

　　↑語-中-1-5-3知道書籍封面有書名，創作者和譯者的名字

二、北極熊的家園

　➤ 影片欣賞：認識北極熊的家園。

　➤ 幼兒經驗分享與發表。

↑認識北極熊的家園

↑幼兒的目光都被北極熊所吸引

↑社-小-3-4-1關懷愛護動植物

三、誰融得快？

　　繪本故事封面翻開的蝴蝶頁，讓幼兒有了疑惑，出現這樣的對話：

阿翔：這一頁圖片好奇怪喔，大塊的冰山應該會溶得比小塊的快？

老師：為什麼你們會這樣覺得？

小翼：我覺得大塊會溶比較快，因為大塊被太陽照射到的面積比較多，所以會比較快。

小立：小塊溶得快啦！

　　有幼兒提議，那就來試試看不就知道了嗎？馬上有幼兒說：「我們這裡又沒有冰山，怎麼試？」這是一個好問題。

　　幼兒們想到利用冰塊來代替冰山，真是一個很棒的想法。又有幼兒提出，應該要表決看看？看是大冰塊還是小冰塊溶得快……

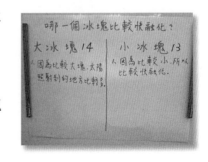

➤ 表決結果：

　　1. 贊成大冰塊溶得快→14位→大塊太陽照得多，所以溶得比較快。

2. 贊成小冰塊溶得快→13位→因為小，所以溶得快。

➤ 製作冰山→體驗觸摸→看誰融得快：

1. 幼兒們討論之後，從烹飪區找出小鍋子當大冰山，3個小果凍盒當小冰山。

2. 裝水之後→放入冰箱冷凍。

　　（↓以下為第二天的活動）

3. 結凍→冰山完成了。

4. 幼兒看到結凍的冰塊，都很驚奇→並嘗試去體驗摸摸看冰塊的感覺。

5. 幼兒們計畫把冰塊一起放在盤子內，看誰先溶掉就知道了。

6. 經過一段時間的觀察之後，小冰塊都融化了，但是大冰塊卻還沒融化，因此，實驗結果是，小冰塊溶化得快，大冰塊融化得比較慢。

7. 幼兒們的看見與說法：「那北極熊要住在大冰塊上比較安全，小冰塊一下子就溶掉了，北極熊就有可能掉進水裡然後淹死了。」「我不想要北極熊死～」

↑體驗冰塊的感覺　　↑大冰山和小冰山　　↑小冰塊不見了，已經融化了

↑認-小-中-大-1-3-1觀察生活物件的特徵

↑認-中-2-3-2與他人討論生活物件特徵間的關係

✎ 幼兒的回饋

➤ 幼兒從冰塊的實驗中更清楚的瞭解，小冰塊溶解得快，因爲地球暖化造成冰山融化，北極熊就愈來愈危險了。

➤ 幼兒說：「牠們現在都沒有食物可以吃，影片中有看到，有的北極熊變得好瘦好瘦喔～」「好可憐喔！」

➤ 幼兒想要送祝福給北極熊，想到故事中的守護星，於是就討論並計畫下一個「北極熊守護星」的活動↓。

 活動二：北極熊守護星

幼兒們想要用故事中的「守護星」，來祝福北極熊，於是有了下面的計畫。

✎ 幼兒的計畫

製作守護星→想點蠟燭祝福→有幼兒覺得不妥→討論→修正爲環保蠟燭→送滿滿祝福。

幼兒們想要點蠟燭爲北極熊祈求，但發現點蠟燭會讓溫度升高，這樣又會造成地球發燒更嚴重，那北極熊的家不是更被我們破壞了嗎？經過討論之後，有幼兒分享之前曾經看過有人用假蠟燭在慶祝，那不會有煙跑出來，經再次討論與表決之後，決定找尋這樣的蠟燭來進行活動。

✎ 活動過程

一、我想守護你：

➤ 製作北極熊守護星：

1.分發材料：星形塑膠瓦楞片、美勞黏貼素材、白膠（保麗龍膠）。

2.守護星創作。

➤ 作品分享。

➤ 把幼兒的作品黏貼在一張大海報上（可貼在情境展示區）。

↑美-中-2-2-1運用各種視覺藝術素材與工具，進行創作

二、關愛與祝福～

➤ 分享：今天送祝福的主要緣由。

➤ 點燃環保蠟燭（其實只是把開關打開）。

➤ 送祝福：全班一起把關愛與祝福送給北極熊。

幼兒的祝福詞→親愛的北極熊～祝福你、祝福你

　　　　　　　　時時都好棒、天天都更好

　　　　　　　　希望你們的家不會再被破壞

　　　　　　　　天天都可以和家人快樂幸福的生活

➤ 經驗分享。

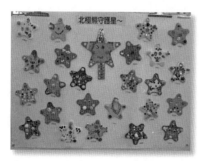
↑幼兒創作的北極熊守護星

↑送關懷與祝福給北極熊

↑社-中-2-2-2理解他人的感受和需要，展現同理或關懷的行動

活動三：悲傷的鳥媽媽

● 活動過程

一、牠們怎麼了？

> 觀賞中途島海鳥的影片：（在YouTube搜尋中途島海鳥，就有很多相關影片）

1. 影片內容有中途島海鳥生活的景象，原本是一個鳥類的樂園。但是漸漸的許多幼鳥出現死亡的狀況。

2. 母鳥在海邊覓食，所覓食到的食物竟然都是塑膠或是垃圾，母鳥透過餵食給幼鳥，而造成許多幼鳥漸漸出現死亡的景象。

3. 影片中有攝影專家拍攝，島上很多幼鳥腐爛後的屍體，牠們的胃都被塑膠袋和許多垃圾所塞滿。

↓幼兒的看見：

1. 幼兒提出，為什麼那些海鳥媽媽的寶寶，都還沒有長大就死掉了呢？

2. 牠們肚子裡面怎麼裝那麼多的垃圾？

> 幼兒們發現到因為垃圾汙染太嚴重，所以造成了海洋的汙染，才會讓海鳥媽媽的寶寶在很小就死了，經過討論之後，幼兒們決定要減塑並減少垃圾產量和汙染。

> 從影片→發現幼鳥死亡的問題→透過全班討論→計畫要減塑並減少垃圾產量→開始執行。

↑語-大-2-2-2針對談話內容表達疑問或看法

↑社-中-大-3-4-1樂於親近自然、愛護生命、節約資源

活動四：減塑愛地球

活動過程

一、減塑新生活

➤ 準備工作：google或是YouTube搜尋「減塑」，將出現許多相關資訊（請勿使用侵權圖片），蒐集相關資訊，做成「減塑簡報」。

➤ 觀賞「減塑」簡報。

➤ 討論：

1.曾經在哪裡看過塑膠袋？

2.使用塑膠袋的經驗。

3.塑膠袋給了我們方便，但是也給了我們哪些影響與傷害？

➤ 幼兒經驗分享與發表。

↑語-小-中-大-2-3-2說出簡單的因果關係

二、分組活動

➤ 討論：如何減少塑膠袋的使用。

➤ 計畫→如何減塑。

➤ 分組實作。

➤ 成果發表與經驗分享。

1. 洗一洗，重複使用　　　　　1. 運動時，自備白開水
2. 出門帶環保袋　　　　　　　2. 多用保鮮盒少用塑膠袋

↑認-小-3-1-1探索解決問題的可能方法

↑社-中-大-3-4-1樂於親近自然、愛護生命、節約資源

三、親子動動腦時間

➢ 題目：（分給幼兒帶回，親子一
同動動腦）面對這樣一堆的塑膠
袋，有什麼好方法，讓塑膠袋可
以多次重複再利用，減少帶給地
球的汙染？

➢ 親子學習單分享（第二天收回後再進行）。

　↓下一個活動～

四、超神奇變身～

活動緣起：

　　有家長在學習單上分享，只要能把塑膠袋收納好，方便攜帶出
門，這樣重複利用的機會，就會大大增加。從家長分享的4個收納辦
法中，經考慮幼兒的能力及嘗試後，我們選定摺成三角形來收納。

準備工作：

➢ 請家長讓幼兒帶2個重複使用過的塑膠袋來學校，大小皆可以。

➤ 我們是參考Sony「少年ㄟ環保心聲」——便利塑膠袋收納，這是把塑膠袋摺成三角形，比較簡單，適合幼兒園幼兒的能力。

網址：https://www.youtube.com/watch?v=0phhxRsRJGM

超神奇變身：

➤ 請幼兒拿出帶來的塑膠袋。

➤ 練習用尺測量並記錄塑膠袋的大小有幾公分。

➤ 分組活動：

1. 引導與說明：三位老師分組指導幼兒便利塑膠袋收納摺法。

2. 體驗學習：幼兒實際練習收納摺法。

➤ 摺好之後→再一次測量→並記錄下來。

➤ 幼兒經驗分享。

➤ 測量結果記錄分享與發表。

↑ 雜亂的塑膠袋小山→經過幼兒的收納摺法→井然有序多了→
更方便攜帶外出重複使用

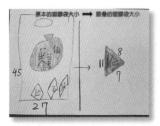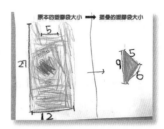

↑塑膠袋原本大小公分數，以及摺完變身後的公分數

↑認-大-1-1-7運用標準單位測量自然現象或文化產物特徵的訊息

↑認-小-1-3-2以圖像記錄生活物件的特徵

小撇步：

　　一開始，對於年紀較小或是還不熟練的幼兒，可以先用廣告紙或是日曆紙代替練習，等幼兒熟悉摺法之後，再用塑膠袋讓幼兒體驗，你會發現幼兒變成摺塑膠袋小達人了。

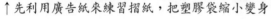

↑先利用廣告紙來練習摺紙，把塑膠袋縮小變身　　↑原本的廣告紙和摺完後的大小比較

五、減塑小尖兵出動～

　　知道塑膠袋對地球的危害之後，幼兒們決定要進行減塑活動，不僅在教室進行減塑，我們也透過親職園地還有LINE的群組，積極跟家長宣導減塑的概念，親師生一起來減塑。

➤ 老師事先規劃設計「守護地球──減塑卡」。

➤ 說明減塑卡的使用方法，累積點數還可以換取相關環保用具。

➢ 每一位幼兒都有一張「守護地球——減塑卡」。

➢ 減塑小尖兵出動～（全家人一起落實在生活中的減塑）。

➢ 進行一週後，我們請幼兒分享進行的狀況，幼兒的分享很踴躍：

1. 塑膠袋用完之後，會清洗曬乾重複使用（有媽媽傳LINE分享照片，說他們家現在不僅曬衣服還要曬塑膠袋）。

2. 幼兒分享買早餐時，會自己帶塑膠袋去讓早餐阿姨裝早餐。

3. 跟媽媽去菜市場會提醒媽媽要帶環保袋。

4. 冰箱的水果用環保盒裝。

5. 不再吵媽媽要買飲料，這樣又會浪費塑膠袋。

➢ 雖然有關「動物生存的危機」這部分的方案探索，即將告一段落，但是小小減塑尖兵仍會持續進行～

↑社-大-2-1-3適時調整自己的想法與行動嘗試完成規劃的目標

┌第二部分：資源再利用┐

幼兒從「動物生存的危機」系列活動中清楚的知道，因為垃圾太多，造成地球的發燒，也因為垃圾的汙染，而讓很多動物沒有了家，資源如何再利用，如何不要浪費資源，這部分是幼兒接下來要探索的議題。

● 學習資源

《垃圾車來了》（小天下出版社）、《怕浪費的奶奶》（三之三出版社）、壁報紙、收集各類的垃圾、收集很短的色鉛筆、花材、叉子、保鮮膜。

活動一：垃圾車來了

☛ 活動過程

一、幸福故事時間

> 介紹書名、作者、翻譯及出版社。

> 老師說故事。

> 請幼兒分享故事中印象深刻或是喜歡的部分。

> 焦點討論：

　家中常見的垃圾有哪些？

> 幼兒發表與經驗分享。

　↓幼兒的看見：

　　　從分享中發現到一件事情，紙杯、報紙都是可以回收，而好像很多可以資源再利用的，都被當成垃圾丟掉了。幼兒討論後，決定要對垃圾和可回收垃圾進行進一步的探索。

↑語-小-2-6-2說出或畫出敘事文本中印象深刻或喜歡的部分

↑社-中-大-3-4-1樂於親近自然、愛護生命、節約資源

活動二：垃圾變黃金

☛ 活動過程

一、垃圾分類介紹

> 事先準備：老師事先蒐集資料，製作有關垃圾分類的簡報與幼兒分享。

➢ 垃圾分類介紹：

1. 垃圾分三類，一般垃圾、資源垃圾和廚餘三類。

2. 透過簡報的分享，讓幼兒認識這三類垃圾。

3. 問題提問。

➢ 幼兒經驗分享與發表。

二、垃圾分類小達人

➢ 事先準備：可以請幼兒和家長協助收集物品，提供上課體驗學習使用。

➢ 幼兒分組把收集的物品擺放出來。

➢ 請幼兒輪流出來選取一個物品，告知同學這物品是屬於哪類的垃圾，並把它放在正確的位置。

➢ 體驗實作過程：

　　活動進行中，阿珮選了一個裝茶包的大鋁箔紙袋，當阿珮說出這是一般垃圾的時候，有幼兒問說，「這不是資源垃圾喔？」

　　這時候小楠就說：「老師有說過，這種金金的鋁箔紙是一般垃圾，它不能回收再利用。」

↑所有收集的物品　　↑鋁箔紙是一般垃圾喔～　↑完成了正確的垃圾分類

↑社-中-大-3-4-1樂於親近自然、愛護生命、節約資源

↓幼兒的發現：

　　　　幼兒從分類結果中發現到，原來把很多可以資源再利用的垃圾，都當成一般垃圾丟掉了，這些東西都可以經過回收再利用，減少垃圾量以及對環境的汙染。

三、學習單分組實作

　➤ 事先準備：

　　1.老師先把蒐集的圖案印出來（一張A4大約印6個圖案）。

　　2.8開壁報紙，並事先貼好有一般垃圾、資源垃圾和廚餘等3個小標題。

　➤ 各組先把分到的圖案剪下來，並貼到正確的位置上。

　➤ 幼兒成果發表與經驗分享。

↑各組先把圖案剪下來之後，再把圖案黏在正確的位置上，垃圾分類就完成了喔

↑認-小-2-3-2比較生活物件特徵間的異同

● 幼兒的回饋

　　幼兒透過一系列的體驗學習，學會把垃圾做分類了，看到這些可以再利用的資源垃圾，小捷分享「有一位怕浪費的奶奶」，這位奶奶的資源再利用，做得非常的好，接下來，就由「怕浪費的奶奶」帶大家繼續探索了。

活動三：故事～怕浪費的奶奶

● 活動過程

一、幸福故事時間

　➢ 介紹書名、作者、翻譯及出版社。

　➢ 老師說故事。

　➢ 討論：故事中的對話和情節。

　➢ 幼兒發表與經驗分享。

　　↑語-中-2-6-1描述故事角色間的對話與情節

二、故事內容深化討論

　➢ 討論問題：

　　1.故事的主角有誰？

　　2.小男孩浪費了哪些東西？

　　3.怕浪費的奶奶，覺得資源還可以如何再利用？

　　4.日常生活中，你曾經浪費了哪些東西？它們可以再利用嗎？

　➢ 幼兒發表與經驗分享。

↓幼兒的發表：

討論的問題	幼兒的發表
一、故事的主角有誰？	1. 奶奶　2. 小男孩
二、小男孩浪費了哪些東西？	1. 水　2. 飯粒　3. 紙　4. 橘子皮 5. 菜　6. 眼淚　7. 電　8. 色鉛筆
三、怕浪費的奶奶，覺得資源還可以如何再利用？	1. 色鉛筆變短了之後→彩虹筆 2. 紙→怪獸服裝 3. 橘子皮→泡澡 4. 飯粒、菜→舔一舔，都把它吃光光 5. 電→晚上不要開燈→去睡覺就好 6. 眼淚→不要哭，就不會浪費了 7. 水→用一杯水刷牙就可以了，不要浪費
四、日常生活中，你曾經浪費了哪些東西？它們可以再利用嗎？	1. 柳丁、橘子皮→洗碗精 2. 洗手水→澆花、沖馬桶 3. 塑膠袋→重複使用裝東西 4. 穿不下的衣服（長大了）→送給別人穿 5. 廢棄的光碟片→農田趕小鳥、做玩具 6. 吃不完的飯菜→做成飯糰 7. 破掉的襪子和手套→娃娃、故事手偶 8. 報紙→摺環保盒放東西、玩遊戲 9. 牙刷→清東西、刷畫 10. 紙→回收、摺東西、畫圖 11. 保特瓶→種花、做玩具

↑社-中-大-3-4-1樂於親近自然、愛護生命、節約資源

三、延伸活動～超神奇彩虹筆

➤ 準備活動：收集只剩下短短的色鉛筆。

➤ 讓幼兒練習用橡皮筋把它綁成一束→變成多色彩虹筆。

➤ 創意創作～讓幼兒利用彩虹筆進行創作。

➤ 幼兒作品和經驗分享。

↑美-小-2-2-1把玩各種視覺藝術的素材與工具，進行創作

✎ 幼兒的學習狀況

➢ 幼兒在綁橡皮筋時，發現中小班有點吃力，大班可以自己完成，孩子原本用大條橡皮筋，最後發現到，要繞三圈才可以綁緊，所以改成紅色小條橡皮筋，剛好二次就綁緊了。

➢ 在創作過程中，綁了8色的色鉛筆，畫出來顏色並沒有8種，幼兒發現到，原來是沒有把色鉛筆的長度以筆尖為準調整齊。當把色鉛筆做上下的調整，顏色就多起來了。

➢ 幼兒在第一次拿到這樣的筆，就是一直用力隨意畫，所以幾乎每一張都是不規則線條。但是在第二次的創作中，幼兒的展現就不一樣了喔，幼兒學會了拿筆的力道，會去控制線條，也有準題性的故事出現了。

↑事先收集短短的色鉛筆

↑請幼兒練習綁成一束一束

↑第一次創作：線條畫

↑第二次創作：彩虹的家

● 幼兒的回饋

　　幼兒從「怕浪費的奶奶」產出了很多創意的點子，幼兒們說：「有些東西雖然不一定是資源垃圾可以再利用，但是在丟棄成為一般垃圾或是廚餘前，還是可以利用它拿來創作玩玩的～」於是下一個創意活動就出來了。

活動四：垃圾創意玩～

　　從幼兒的分享中，在美勞區又延伸了幾個資源再利用的創意活動：有花花世界、保鮮膜畫、叉子創意畫等三個活動。

● 活動過程

一、花花世界

緣由：

> 幼兒們在校園探索時，發現辦活動用的花束羅馬柱旁邊，有幾片掉在地上的花瓣，幼兒們竟然討論起來了，他們表示如果這花可以拿來創作，應該會很美～

> 經詢問主任之後，表示可以讓幼兒們摘來玩創意～

計畫和討論：

> 那花材的顏色很繽紛，幼兒討論之後→覺得用黑紙當底，這樣花會看起來很漂亮。

> 那花材如何黏在圖畫紙上？→用膠帶、白膠都可以。

> 也可以使用美勞區的素材加進來。

花花世界創作：

➤ 請幼兒先嘗試體驗把花瓣剝下來，放在盤子。

➤ 分發黑色的壁報紙、花材、各類創意素材。

➤ 幼兒進行創意創作。

➤ 作品成果發表與經驗分享。

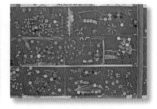

↑剝下來的花瓣　　　↑花花世界創作中　　　↑幼兒完成的作品

美-小-中-大-1-1-1探索生活環境中事物的美，體驗各種美感經驗

二、保鮮膜創意畫

緣由：幼兒之前有過用手直接在圖畫紙上作畫的經驗，幼兒喜歡那種
沒有約束隨意滑動的感覺，但是圖畫紙很容易就被滑破或是起
毛了，幼兒提出是否可以用保鮮膜壓在圖畫紙上，再來創意作
畫，是不是就不會起毛和破掉了？很棒的點子，值得試試看～

事先收集：保鮮膜（請家長提供，如果有油膩，請先洗好曬乾再交給
老師）

保鮮膜創作：

➤ 塑膠瓶裝廣告顏料＋保鮮膜→保鮮膜創意畫。

➤ 創作的步驟：

1.先把顏料擠壓在圖畫紙上。

2.然後鋪上保鮮膜。

231

3. 用手在保鮮膜上任意滑動創作。

➤ 作品成果發表與經驗分享。

↑擠壓顏料在圖畫紙上　　↑蓋上保鮮膜任意創作　　↑幼兒的創意作品

↑美-大-2-2-1運用各種視覺藝術素材與工具的特性，進行創作

三、叉子創意畫

緣由：叉子在日常生活中使用率很高，有時候只是插個水果吃完就丟棄了，覺得好浪費，他們決定把叉子洗乾淨且曬乾後，繼續要來玩創意了。

叉子創作：

➤ 先把顏料擠在梅花盤上，加上叉子。

➤ 將叉子沾上顏料就可以進行創作了。

➤ 還可以加上蠟筆，和其他的工具和素材來進行創作喔。

➤ 作品成果發表與經驗分享，並鼓勵幼兒描述作品的內容。

↑壓克力彩擠在回收盤上　　↑用叉子創意創作

↑變美少女的頭髮　　　　↑變獅子的鬃鬚

↑美-小-3-2-1欣賞視覺藝術創作，描述作品的內容

活動後回饋

➢ 垃圾創意玩，實在是創意和驚奇滿滿，尤其花材在枯萎前讓幼兒有不一樣的體驗學習，那作品成果真叫人讚嘆。

➢ 保鮮膜畫也是，幼兒在保鮮膜上任意揮動雙手，手所到之處都呈現不同的顏色變化，整個過程幼兒都充滿著驚喜。壓克力彩比較容易乾掉推不動，所以在這部分不適合用，把水彩顏料先裝進瓶子，讓幼兒擠壓顏色在畫紙上是最棒的。

➢ 叉子創意畫就很適合壓克力彩，水彩的水分比較會暈開，壓克力彩鮮豔明亮又快乾的特性，讓幼兒的創作充滿驚奇。

第三部分：健康飲食

　　幼兒普遍都有偏食的狀況，喜愛肉食、速食，反倒是蔬果吃得很少。常常有家長反映，幼兒在家一口菜都不吃的，也常常發現幼兒的早餐都吃高熱量的油炸物，這吃的問題實在也是很重要，接續我們就要來探討有關「健康的飲食」，如何能愛護地球又能讓自己吃得更健康。幼兒們討論時，幼兒表示最常吃的早餐是漢堡、雞塊和熱狗，如何朝正確

又健康的飲食習慣，就從「班班愛漢堡」開始討論趨入。

● 學習資源

　　《班班愛漢堡》（親子天下）、製作漢堡食材與器材、《愛吃青菜的鱷魚》、《愛吃水果的牛》（信誼出版社）。

活動一：班班愛漢堡～

● 活動過程

　一、幸福故事時間

　　➢ 繪本故事──《班班愛漢堡》

　　➢ 介紹書名、作者、翻譯及出版社。

　　➢ 介紹書名的位置和閱讀的方向。

　　➢ 老師說故事。

　　➢ 幼兒經驗分享與發表。

　　　↑語-小-中-1-6-2知道書名的位置與閱讀方向

　　　↑語-中-1-5-3知道書籍封面有書名，創作者和譯者的名字

● 幼兒的回饋

　　幼兒們分享，上次衛生所阿姨說：「漢堡裡面包很多的肉和起司，吃太多對身體不好的。」幼兒有些疑問，他們問到了，有沒有吃起來比較健康的漢堡？是否可以自己動手做健康漢堡？可以帶回家和家人分享嗎？於是，有了下一個活動的緣起了。

活動二：健康漢堡

活動過程

一、健康漢堡的食材

➤ 討論：健康漢堡的食材有哪些？

1. 幼兒們覺得魚和肉還有不容易煮熟的食材，都不在這一次的考慮之中。

2. 經過討論之後，決定食材包括有生菜、小黃瓜、馬鈴薯、漢堡麵包、芽菜、蘋果、水煮蛋、紅蘿蔔、沙拉、海苔、葡萄乾和玉米粒共12種。其中沙拉部分，則用小黃瓜、蛋、蘋果、馬鈴薯、葡萄乾和玉米粒加上沙拉醬做成沙拉。

➤ 計畫：幼兒們依據這12項食材，做了下列的規劃和安排：

食材名稱	購買地點	數量	處理方式
生菜	有機商店買	1包	洗乾淨、不要煮
小黃瓜	有機商店買	1包	洗乾淨、切薄片
蛋	全聯福利社	1盒	水煮蛋模式 洗乾淨→放進水裡煮熟→放涼→剝殼→切小塊→加入沙拉
芽菜	有機商店買	2盒	選苜蓿芽
蘋果	有機商店買	8粒	洗乾淨、切小塊
紅蘿蔔	有機商店買	1小袋	洗乾淨→切小塊→電鍋蒸熟→壓泥→加入沙拉
沙拉醬	有機商店買	3包	有白色和橘色二種顏色，經表決後，白色—19票、橘色—10票→幼兒們決定白2包、橘1包
海苔	有機商店買	2包	買現成的海苔香酥

食材名稱	購買地點	數量	處理方式
葡萄乾	有機商店買	2包	加入沙拉
玉米粒	有機商店買	2罐	用玉米粒罐
馬鈴薯	有機商店買	1小袋	洗乾淨→切小塊→電鍋蒸熟→壓泥→加入沙拉
漢堡麵包	億客來	120粒	每人4粒漢堡小餐包

備註說明：我們幼兒園的點心食材，都是購置於學校附近有機商店，所以幼兒們在發表及討論時，才會一直提到有機商店。

 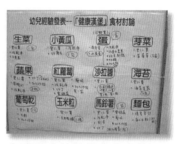

↑討論健康漢堡食材有哪些　　↑漢堡食材的計畫和安排

二、工作分配

決定要做健康漢堡，食材也都討論好了，幼兒們接著開始著手規劃工作的分組。

➤ 討論 ：

1.製作健康漢堡的工作分組。

2.每一組的工作內容。

➤ 計畫 ：

幼兒們討論後，工作分為10組，各組工作安排如下：

編號	工作組別	需要配備或器具	主要工作事項
1	訂食材組	電話	自我介紹→需要的物品、數量、價錢→取貨日期
2	洗刷組	水、籃子、菜瓜布	物品拆封→端到洗手臺→用水洗乾淨→端進教室
3	削皮組	刨刀	準備工具→開始削→裝盤→收拾
4	切切組	蛋糕刀	準備工具→開始切塊→裝盤→收拾
5	電鍋組	電鍋、量杯、內鍋	準備工具→食物放入內鍋→加水→按開關→等煮好
6	剝蛋組		把蛋放涼→剝蛋→收拾
7	壓泥組	湯匙	準備工具→食物壓泥→收拾
8	拌沙拉組	飯匙	食材準備好→加入沙拉醬→開始攪拌→收拾
9	擺盤組	盤子、夾子	準備盤子→把各項漢堡食材放入盤子→擺放→收拾
10	收拾組	抹布、掃把組	準備清潔用具→收拾

三、人員分配

　　工作分組有10組，所以事先選定組長10人，各組視工作量多少，再加入幾人不等的組員。

➢ 製作個人大頭貼：幼兒利用大圓形貼紙，創意畫出屬於自己的大頭貼照。

➢ 任務分配表：幼兒們把自己的大頭貼，貼在所屬的組別位置，第一位為組長，其餘是組員。

↑健康漢堡工作分組　　　　↑工作小組人員
　　　　　　　　　　　　　　分配

↑認-中-3-1-1參與討論解決問題的可能方法並實際執行

 活動三：漢堡製作流程模擬～

　　從 討論 → 計畫 ，都準備好了之後，我們就要來進入 執行 的階
段了～

● 活動過程

一、小組工作討論

> 人員確認：讓幼兒在自己所屬的組別，蓋上自己的姓名章並畫
上代表自己的圖像。

> 召開會議：由各組組長召開小組會議，討論流程。

↑各組的組員，由幼兒自己
畫上

二、工作流程模擬

➢ 各組把流程步驟畫出來，方便組員都清楚所負責的工作事項。

➢ 分組活動。

➢ 各組流程成果發表與經驗分享。

↓1至10各組SOP流程分享：

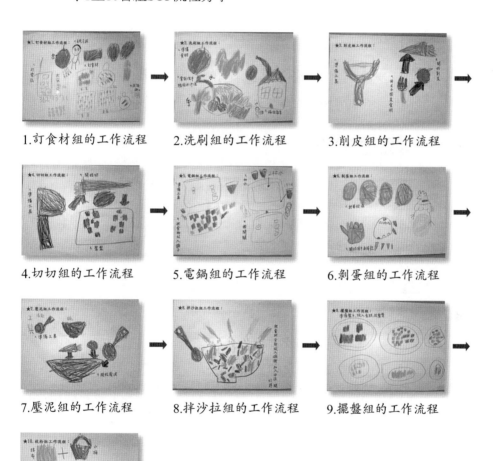

1.訂食材組的工作流程　　2.洗刷組的工作流程　　3.削皮組的工作流程

4.切切組的工作流程　　5.電鍋組的工作流程　　6.剝蛋組的工作流程

7.壓泥組的工作流程　　8.拌沙拉組的工作流程　　9.擺盤組的工作流程

10.收拾組的工作流程

↑認-大-3-1-1與同伴討論解決問題的方法，並與他人合作實際執行

活動四：健康漢堡準備中～

各組就位，準備開始手做健康漢堡～

● 活動過程

一、訂食材組

> 準備工作：

1. 這一個活動，要在做漢堡當日的前一週就要進行訂購。

2. 老師事先告訴商店，大約何時幼兒會打電話來訂食材，請他們電話中跟幼兒互動，讓幼兒有學習的機會。

3. 談話內容會用擴音（事先告知商家），方便全班同學都可以聽到彼此的對話。

4. 組員把要訂購的材料先記錄下來，方便電話訂購時可以說出物品名稱。

> 食材電話訂購：

1. 老師提供手機及商店的電話給組員，讓他們練習撥電話訂食材。

2. 實際撥號訂購。

3. 問好→自我介紹→說明訂購物品與數量→確認取貨日期和時間→感謝。

> 突發狀況：

1. 在說明要訂購葡萄乾時，店家阿姨表示只有蔓越莓乾，是否可以用蔓越莓乾代替？

2. 組員大約楞了2秒，然後問老師「可以嗎？」老師鼓勵組員，可以詢問蔓越莓乾的價錢包裝大小，再決定看看。

3. 組員詢問價錢和大小之後，店家阿姨建議如果只是用沙拉，蔓越莓乾1包就可以了，所以訂購數量調整爲1包（原本葡萄乾是預定2包）。

4. 店家阿姨也建議，小漢堡所需要食材的量不需要太多，免得浪費食材，所以建議海苔香酥數量改爲1，沙拉醬二種顏色也各1包就可以。

5. 原本雞蛋要去全聯福利社買，有幼兒說：「我家的雞蛋都在廟邊買的」（臺語），所以我們改在社區雜貨店買，數量也改成5粒。

➢ 幼兒經驗分享。

↑組員電話訂購製作漢堡食材

↑製作健康漢堡的食材

補充說明：所有的食材都在前一天都備齊了，該冷藏的也放入冰箱，隔天一上課，就可以開始進行活動了

二、洗刷組出動

➢ 組員穿上防水圍兜。

➢ 將要洗的食材→拿到洗手臺→把食材拆封→用水把食材洗乾淨→分類裝盤→收拾整理→端進教室。

> 組員把生菜一葉一葉、小心翼翼的剝下來，一葉一葉慢慢清洗乾淨。馬鈴薯和胡蘿蔔用手慢慢把皮搓洗乾淨。

> 拆封的塑膠袋，組員們清洗之後，夾在掛抹布的地方晾乾，組員說要重複利用。

↑我會把蔬菜洗乾淨　　↑塑膠袋洗好重複使用

三、削皮組出動

> 當初討論時，有注意到刨刀的安全使用問題，有同學分享，左手用叉子把食物插著固定，右手用刨刀削皮，組員一開始按照這方法，但是發現並不好用，尤其是馬鈴薯會滾動，所以就改用直接用手按住。

> 準備刨刀→開始削皮→清理桌面→削好的皮集中→回收到廚餘桶。

> 小黃瓜則用另一種刨刀，小黃瓜直立在刨刀上，左右滑過之後就變一片一片的小黃瓜片了。

↑我會用刨刀來削皮　　↑刨出小黃瓜一片片

四、切切組出動

> 使用的刀具：蛋糕刀。

> 老師示範刀具的使用方法→組員練習切小塊狀→收拾整理→食材清洗。

> 組員的塊狀有時候切很大塊，怕到時不容易蒸熟，所以選取一塊大小適合的，告知組員大小約這樣即可。

↑我會用蛋糕刀切成小塊狀

五、電鍋組出動

> 先把蛋沖洗一下，放內鍋，裡面加2杯量杯的水。

> 電鍋外鍋加量杯1杯水→把放有蛋的內鍋放入電鍋→馬鈴薯和紅蘿蔔放在蒸盤上，放入內鍋上面→蓋上鍋蓋→按開關→等候煮熟。

↑內外鍋都要加水，把東西放好，記得按開關喔～

243

六、剝蛋組出動

> 蛋煮熟後，先從電鍋內拿出放涼（由老師幫忙）。

> 先將小手再一次洗乾淨→開始剝蛋殼→把剝好的蛋放入開水中滾一下→用夾子夾起來放在盤子上→收拾整理。

> 把蛋放入開水中滾動一下，是組員在過程中想到的，因為剝蛋過程中，發現到會有一些小碎殼黏在蛋上面，三位討論之後，說阿嬤在家也是會這樣用，所以多了這一個方法和步驟。

↑我是剝蛋小達人

七、壓泥組出動

> 使用器具：碗、湯匙。

> 把蒸熟的馬鈴薯和紅蘿蔔舀幾匙放入碗中→用湯匙開始壓成泥→換大支的飯匙→收拾整理。

> 組員發現用小湯匙在壓泥很慢，於是借用了拌沙拉的飯匙，用飯匙來壓泥，還真的速度快多了。

↑原本用小湯匙

↑最後換成大飯匙

八、拌沙拉組出動

> 使用器具：大沙拉碗、飯匙。

> 把蛋、壓好的薯泥、蔓越莓乾及玉米粒放入沙拉碗中→加入沙拉醬→用飯匙攪拌→收拾整理。

↑加入沙拉醬開始拌拌拌，沙拉完成了～

九、擺盤組出動

> 所需器具：盛裝食物的盤子。

> 把所有食材分類擺放在盤子上，方便待會的實作。

↑把所有食材分類擺放～

十、收拾組出動

（漢堡實作完成後才行動）

> 所需器材：抹布、水桶、掃把清潔組。

> 漢堡實作之後，負責教室的收拾和整理。

↑ 桌面收拾與整理～

↑認-大-3-1-1與同伴討論解決問題的方法，並與他人合作實際執行

↑認-大-3-1-2與他人共同檢視問題解決的過程

 活動五：健康漢堡DIY～

◆活動過程

一、食材就位

➤ 擺盤組先把漢堡食材擺放好，分發小餐包。

二、動手做漢堡

➤ 健康漢堡DIY實作中。

➤ 收拾整理。

➤ 成果展示與經驗分享。

↑社-小-中-2-2-3依據活動的程序與他人共同進行活動

↑身-中-大-2-2-3使用清潔工具清理環境

↑健康漢堡DIY實作中～

↑幼兒手做的健康漢堡

三、送祝福

> 把漢堡盒貼上幼兒的姓名貼之後，全部集中擺放桌上。

> 送祝福：全班一起為這漢堡送祝福，祝福吃到漢堡的人都可以平安和健康。

> 每位幼兒把自己做的漢堡，帶回家與家人分享。

► 幼兒的回饋

> 原來加蔬菜水果的漢堡也是很好吃的。

> 以後早餐可以請媽媽用這個給我吃。

► 家長的回饋

> 汶媽～阿汶說這漢堡真好吃，叫我要天天做給他吃。

> 元媽～小元在家蔬菜都不吃的，沒想到會把這裝滿蔬果的漢堡吃光光。

> 恩媽～以後早餐也可以用土司加這些食材，或是直接做成沙拉，眞是太好了。

活動六：我是健康小蔬童

▶ 活動過程

一、愛吃青菜的鱷魚

> 幸福故事時間：

1. 介紹書名、作者、翻譯及出版社。

2. 老師說故事。

3. 老師就繪本故事角色和情節與幼兒做互動式提問。

語-中-1-5-2理解故事的角色與情節

二、我是健康小蔬童

> 延續繪本故事《愛吃青菜的鱷魚》，鼓勵幼兒多吃蔬果有益健康。

> 美勞創作：小蔬童（每個幼兒畫一種蔬果代表自己）。

> 宣示：我是小蔬童，多吃蔬果愛地球。

> 愛地球聯署：把代表每一位幼兒的小蔬童圖像，貼在壁報紙上，努力天天做到五蔬果。

> 棒棒小蔬童學習單：一週一張，請幼兒學習記錄自己一天所吃蔬果的種類，老師可以就每週營養午餐和點心所吃的蔬果，先打在學習單上，其他有吃的再由幼兒繪製記錄，家長幫忙用文字加以輔佐記錄。

↑小蔬童——愛地球聯署海報

↑棒棒小蔬童學習單

↑手繪天天五蔬果的紀錄

◆ 課程的延續

> 在進行棒棒小蔬童的活動時，幼兒分享在圖書館聽過《愛吃水果的牛》這本故事，感覺跟《愛吃蔬菜的鱷魚》很像，這時候老師忽然靈機一動，雖然作者是同一人，但也可以藉由這繪本，讓幼兒去欣賞與辨識作者的圖像細節與風格。

三、愛吃水果的牛

> 幸福故事時間：

1. 介紹書名、作者、翻譯及出版社。

2. 老師說故事。

3. 討論：

　·《愛吃蔬菜的鱷魚》和《愛吃水果的牛》二本繪本故事的異同。

　·你看見了什麼？

↑語-大-1-5-3辨認與欣賞創作者的圖像細節與風格

◆ 活動後回饋

> 這一次的活動，從計畫→執行，都是讓幼兒自己去討論與規劃，老師的角色就是協助，從中發現到幼兒注意的點愈來愈細緻了，而且在過程中會互相幫忙並把一些環保的行動落實在生

249

活中,很讓我們老師感動。

➤ 幼兒說～如果買不到小漢堡餐包也可以用土司代替的,而且家裡有什麼就可以加上去,不是都要買新的。賓果!沒錯!其實想要給孩子就是這種會類推會去思考的能力,而且要融入生活之中,這一次真的發現到他們的進步～真棒!

➤ 愛上吃蔬果實在真的是不容易而且要長期,透過這樣的活動,讓幼兒養成吃蔬果是一件很自然和再平凡不過的事情,這對幼兒而言是很重要的。

第四部分:健康生活

幼兒在前面的活動提到,為什麼免洗筷是垃圾?而且為什麼最好不要用,要我們自備環保筷?還有幼兒說,「我媽媽每次去買飯都會拿免洗筷,免洗筷是什麼做的?」

免洗筷已經成為生活中不可缺少的東西,報章媒體都極力呼籲不要使用免洗筷,但是為什麼不要用呢?如何讓免洗筷從生活中漸漸消失,不要再殘害我們的健康,這是一件很重要的事。所以在健康生活這部分,我們打算從免洗筷開始探索～

☛ 學習資源

免洗筷、玻璃杯、綠豆。

活動一：免洗筷真的衛生嗎？

☛ 活動過程

一、免洗筷的製作過程

➤ 事先準備：老師事先上網蒐集有關免洗筷製作過程的影片或圖片。

➤ 介紹有關免洗筷的製作過程。

➤ 幼兒經驗分享與發表。

↓幼兒的發表：

1. 覺得免洗筷不衛生，因為製作過程都放在地上，地上可能不乾淨，也可能被老鼠和蟑螂爬過。

2. 覺得不衛生，但是外觀好像看不出來哪裡不衛生，因為都很乾淨。

3. 覺得想到就很噁心。

二、免洗筷衛生嗎？

↓幼兒提出的想法：

➤ 幼兒說：「把免洗筷泡水，如果水髒了，那免洗筷就真的是很髒。」

➤ 幼兒們決定要來執行→免洗筷的泡水計畫。

三、免洗筷的泡水計畫

幼兒們的討論：

➤ 免洗筷的來源：

有14個幼兒舉手，表示明天可以帶來，所以免洗筷來源沒問題。

> 浸泡的杯子：

1. 紙杯：沒辦法直接從外面看到免洗筷的變化，所以不適合。

2. 果凍盒：是透明的，可以直接看到免洗筷的變化，但免洗筷一放上去，筷子直立不起來就倒了，所以也是不適合。

3. 玻璃罐：幼兒們提到裝水彩的玻璃罐，它是透明的，所以可以看到裡面，高度也適合，筷子不會倒下來。討論後，決定用教室在裝顏料的玻璃罐。

> 筷子的數量：

1. 如果只有3根，感覺數量很少，不好觀察。

2. 幼兒討論之後，決定用10根。

3. 有幼兒提出，既然環保筷比較衛生，那也把環保筷一起納入來觀察。

4. 3根不鏽鋼環保筷、7根免洗筷。

> 要浸泡的水：

1. 熱水：比較危險。

2. 冷水：比較安全，且幼兒可以自己操作。

3. 所以決定用外面洗手臺的水。

> 計畫執行中：

1. 請幼兒先把玻璃罐貼上1-10的數字。

2. 練習把水倒約8分滿。

3. 把7根免洗筷和3根環保鋼筷，一一放入玻璃瓶中。

> 觀察中：

　　分組觀察，在不同的時間點觀察筷子的變化情形：

1. 第一個時間點：剛剛把筷子放入之後，馬上觀察，算是第一天（約早上10：30）。

2.第二個時間點：第二天的上午約10：30。

➤ 觀察結果：

那10杯裝有不同材質筷子的水，每一杯都很乾淨，即使攪拌一下，也沒有出現任何雜質。

幼兒覺得很奇怪，討論中，頻頻聽到……

★怎麼會這樣？怎麼會這樣？怎麼會這樣？

★所以免洗筷沒有髒？是很乾淨的……

★如果是乾淨的，為什麼電視說吃了對身體不好。

★還是方法不對？

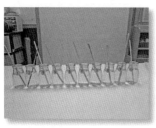

↑1-10號杯子各裝有筷子　　↑幼兒攪拌後水質一樣透明純淨

↑認-中-3-1-1參與討論解決問題的可能方法並實際執行

幼兒的疑惑出來了，探究的精神也啟動了～

課程先暫停，老師不做任何評論，我們鼓勵幼兒去問問其他老師、回家問家長或是請家長上網找資料，隔天再繼續討論～

集眾人的幫忙

隔天進行討論時，哈哈，幼兒真的是回家有做功課，有備而來的了。

➤ 阿立：筷子用一根太少了，至少要這樣一大把（幼兒用雙手比一個圓形）。

> 阿恩：可以用熱水試看看，姊姊告訴我要用熱水。

> 阿翔：大哥哥幫我找電腦，電腦說免洗筷很毒，用熱水泡幾天就會變色了。

> 小捷：我上次有看到，免洗筷的外面都長綠色的東西，好嚇人喔～

　　（討論之後，幼兒決定～）修正成為→筷子要用一大把、用熱水浸泡、要用二個透明杯（幼兒說：萬一其中的一個杯子不小心翻倒了，還有另外一杯）。

 活動二：超恐怖的免洗筷

　　延續活動一的探索，幼兒們在撕掉免洗筷的包裝之後，發現到一件恐怖的事情（幼兒形容說超級恐怖～），其實很多筷子都已經長出綠色霉菌了，幼兒們在討論時說：「如果打開免洗筷沒有注意，就拿起來吃，可能就把這些細菌都吃肚子裡面了～」

● 活動過程

一、看看看？看什麼？

　　老師先在科學桌擺上多盤的衛生筷及放大鏡，觀察幼兒會有怎樣的反應。

　　哈哈，幼兒真的上當了，都迫不急待拿起放大鏡開始在觀察和探索了～

> 討論與發表：你看到了什麼？

　　↓幼兒的分享：

　　1.就是看到筷子而已。

　　2.看到綠色的東西變得很清楚。

3. 感覺很奇怪，有時候筷子變大有時候又變小。

4. 沒有什麼不一樣的。

5. 看到筷子上面有一條一條的線。

二、實驗中的免洗筷

> 老師協助把燒杯貼上實驗的日期。

> 請幼兒們把免洗筷放入燒杯中。

> 老師協助注入熱水。

> 等熱水放涼後，開放幼兒觀察。

↑剛浸泡熱水的免洗筷

三、變色了？

幼兒天天都會去觀察泡水的免洗筷。

> 幼兒觀察泡水免洗筷後的說法：

1. 第一天：水沒有變化，但有泡到水的筷子顏色比較深。

2. 第二天：有感覺顏色稍微變了，有些像尿尿的淡黃色出來了。

3. 第三天：顏色變更深，而且有的筷子感覺有顆小黑點。

4. 第四天：顏色變更深（像阿公喝的茶葉），上面還浮些泡泡。

↑浸泡第三天水的顏色　　↑浸泡第四天水的顏色　　↑浸泡四天後的免洗筷

↑認-大-3-1-2與他人共同檢視問題的過程

活動三：猴子臉？

活動過程

一、無意中的發現

　　幼兒那幾天，對用放大鏡觀察免洗筷很有興趣，突然有一天，三個小男生討論起來了，因為他們說看到了小猴子的臉在免洗筷裡面……實在是有點恐怖～

　　幼兒就又開始議論紛紛，童言童語了～

　　「以後不要用免洗筷啦，你把小猴子害死了，猴媽媽會來找你。」

二、發揮天生科學家的精神

　　幼兒天生就是科學家，愛探索是他們的特質，他們一直繼續嘗試，嘗試用1根、嘗試用5根、用一大把……就是一直要用放大鏡來觀察猴子臉，也一直在思索，為什麼免洗筷裡面會有猴子臉？

　　連蔡老師也忍不住要來看看什麼是猴子臉？結果用放大鏡一看，還真的有像欸……

↑幼兒發現筷子有像猴子的臉

↑哇！真的有看到猴子臉～

三、猴子臉的眞面目

經過蔡老師上網搜尋之後，參考了幾個網站，裡面有介紹到，原來免洗筷的猴子臉，其實就是竹子散生的「維管束」……。哈哈，原來不是猴子精靈住在裡面啦～

↑認-小-中-大-1-3-1觀察生活物件的特徵

活動四：神奇的魔豆～

幼兒們看到浸泡4天的竹筷水，內心都覺得有點恐怖，甚至有幼兒說：「我媽媽買晚餐都會拿免洗筷，我要叫她以後不要拿了～」

當我們準備要把水倒掉時，有幼兒突然問說：「如果把這水用來種豆子，會變成什麼？是跟傑克一樣的魔豆？還是……？」

這個想法很讚欸，其實連我們也從沒嘗試過，大家都迫不及待不想再等到明天，於是我們打電話給義工桂蘭媽媽，她馬上送來一包綠豆送給我們，於是，種豆的活動就此展開了～

☛活動過程

一、來種豆～

幼兒們想要嘗試用筷子水來種豆，看看豆子會長怎樣。

但是有幼兒提出，要怎樣才會知道，是用筷子水種綠豆比較厲害？還是一般洗手臺的水比較厲害？

↓幼兒們的做法：

➤ 討論：

1.應該二種水都要用來種綠豆，才知道誰的比較好。

2.筷子水有顏色，跟我吃的中藥有像，看起來好像比較厲害。

3. 不然把小朋友分成一半，一半用洗手臺的水，一半用筷子水。

➤ 計畫：

1. 分成紅隊和藍隊各15人。

2. 觀察10天，看有哪裡不一樣。

3. 用滴管吸水來種綠豆，手比較不會碰到筷子水。

➤ 執行：

每一個杯子都貼有紅色或藍色的圓形貼紙。

1. 分組：紅隊（對照組）──用自來水種綠豆、藍隊（實驗組）──用竹筷水種綠豆。

2. 種豆實作：幼兒自己鋪放衛生紙在杯子內→然後放入綠豆→用吸管吸水練習種綠豆。

3. 將綠豆擺放在屬於自己組別的盤子上。

4. 收拾整理。

➤ 幼兒經驗分享與發表。

➤ 說明：

1. 每天固定在上午大約9點的時候，幼兒們會持續來澆水和觀察。

2. 我們從3月28日星期一開始種綠豆，幼兒澆水到4月1日星期五共5天，接續星期六、日以及兒童節和清明節共放假4天，直到4月6日星期三開始上課，共10天的期程。

➤ 實驗結果：

種植10天的綠豆成果如下：

1. 紅隊（對照組）：用自來水種綠豆，豆芽長得高且茂盛，也沒有發霉的狀況出現。

2. 藍隊（實驗組）：用竹筷水種綠豆，豆芽明顯長得沒有紅隊

（對照組）好，而且長高的豆芽稀稀疏疏，甚至有好幾杯完全都沒有長高，而且好多豆子出現長霉菌和枯死的狀況。

↑浸泡免洗筷4天以及
自來水

↑讓幼兒用這二種水分別栽種綠豆

↓幼兒們每天持續加水種豆，第10天的綠豆成長如下：

↑用自來水來種的綠豆
豆芽長得高且茂盛

↑用筷子水來種的綠豆，長得稀稀疏疏，且短小，
好多豆子出現長霉菌和枯死的現象

↑認-小-中-大-1-2-1觀察動植物的生長變化

◤幼兒的回饋

➢ 泡免洗筷的水，感覺很噁心欸。

➢ 以後跟媽媽出去買麵，我不要再拿免洗筷了。

➢ 如果跟阿嬤出去吃辦桌（臺語），我要提醒阿嬤要記得帶環保
筷。

◤家長的回饋

➢ 感謝這樣的課程，讓寶貝和我們都大開眼界，以前都想說方

便，也沒有什麼立即性傷害，所以也就一直習慣使用免洗筷，以後應該會自己帶環保筷出門了。

➤ 每次買飯買麵，老闆都習慣放筷子，我也都沒拒絕就帶回家了，回家也是用自己家裡的餐具，免洗筷不是丟垃圾桶就是丟旁邊，一段時間之後，數量還滿驚人的，以後我會告訴老闆不要放餐具了，地球只有一個，真的要好好愛護。

☛ 活動後回饋

➤ 第一次當幼兒發現1-10號的玻璃杯，每一杯的水都沒有任何雜質時，我們其實也嚇一跳，因為其中有2根是已經長有綠色霉菌的，怎可能水會沒有雜質？上網找了資料，討論後馬上修正，將一根一根改為一大束，原來我們一開始採用一根去泡水的方法是行不通的。

➤ 猴子臉的發現更是充滿驚喜，上網找了資料之後，才知道幼兒口中的猴子臉是竹子散生的「維管束」，幼兒從中又有一個新發現，原來不是所有的免洗筷都是竹子做的，深入的探索就會有無限的驚喜與發現，真棒！

➤ 實驗組的幼兒用吸管吸水澆在綠豆杯內，雖然幼兒的手拿握是在吸管的頂端，未必會接觸到筷子水，但還是請幼兒操作完馬上洗手。

➤ 對照組和實驗組隨著綠豆苗的成長而日漸有所差別時，幼兒們覺得驚訝，泡過免洗筷的水和自來水，竟可以讓綠豆有這樣的不同變化，還有幼兒說：「感覺免洗筷就像毒藥一樣，以後不敢用來吃東西了。」

第五部分：愛地球行動

愛地球的方式有很多種，在這個部分，我們選擇貼近幼兒生活而且是可以做得到為優先，並邀請家長和幼兒一起共同攜手愛護地球～

學習資源

素面背包、壓克力彩、蓋印版、造型彩刷、塑膠瓦楞片、隨手關燈圖檔、美勞素材、保特瓶、黃金葛、土壤、製作環保清潔劑原料。

活動一：用愛守護地球

活動過程

一、地球怎麼了？

➤ 討論：我們居住的地球怎麼了？

➤ 幼兒發表與經驗分享：幼兒們提到地球在發燒了，太多的垃圾，還有冷氣、車子排放的熱氣，讓地球愈來愈高燒。

二、實際愛地球的方法

➤ 討論：有哪些實際的方法，可以讓地球愈來愈好呢？

➤ 幼兒發表與經驗分享。

↓幼兒分享實際愛地球的方法：

1.少用塑膠袋	2.不亂丟垃圾	3.少開車多騎車	4.多用手帕
5.多種樹，不要砍樹	6.使用環保袋	7.電器不用記得拔插頭	8.多用環保餐具
9.隨手關燈	10.廢物利用	11.少喝飲料多喝白開水	12.少用化學藥品

13.節約用水	14.少吃肉多蔬食	15.冷氣設定在26-28度	16.使用節能標章電器
17.不要一直看電視	18.不亂燒東西	19.多走樓梯少搭電梯	20.不要浪費食物
21.少烤肉	22.不要泡澡	23.不要一直吵買東西	24.少用手機
25.種花草節能減碳			

從幼兒所分享的愛地球實際方法中，在師生討論後，決定在學習區進行下列活動：

➤ 環保袋→減少塑膠袋的使用。

➤ 隨手關燈提示板→美化並提醒隨手關燈好習慣。

➤ 環保清潔劑→少用化學成分清潔劑，減少對地球的汙染。

➤ 種植花草等活動→種植可以減碳愛地球的植物。

↑認-中-3-1-1參與討論解決問題的可能方法並實際執行

活動二：環保袋

● 活動過程

一、要選哪一種？

➤ 討論：環保袋的樣式？

➤ 幼兒發表與經驗分享。

↓幼兒的說法：

幼兒提出手提包和背包二種，經過討論之後，覺得用背的比較好，出門去玩都可以背，還可以裝行李、裝環保餐具，經過表決之後，手提包8票、背包22票，所以決定來做環保背包。

（選定之後，老師先訂購材料，等材料來再進行下面彩繪的活動。）

二、背包彩繪

➢ 準備材料：素面背包、壓克力彩、蓋印版、造型彩刷。

➢ 創意創作：

　　1. 分發背包、相關創作素材。

　　2. 幼兒彩繪背包。

　　3. 收拾整理。

➢ 作品發表與經驗分享。

↑創意彩繪背包

↑自製手做背包完成了

↑校外教學背著出遊趣～

↑美-中-大-2-2-2運用線條、形狀或色彩，進行創作

263

活動三：隨手關燈提示板

緣起：幼兒說哥哥常忘記關燈，希望可以有方法可以提醒他，討論之後，班上決定做隨手關燈提示板。

活動過程

一、省電小撇步

➢ 討論：省電的方法有哪些？

➢ 省電電小撇步：相關圖片皆參考自經濟部能源局、EnergyPark節約能源園區。

➢ 幼兒經驗分享。

↑語-大-2-2-3在團體互動中參與討論

二、請隨手關燈～

➢ 幼兒選用經濟部能源局——請隨手關燈的宣導圖檔。

➢ 老師先幫忙把圖檔印出→剪下→護貝→黏在瓦楞板上。

➢ 材料：塑膠瓦楞片、美勞素材。

➢ 創作提示板。

➢ 作品展示與經驗分享。

↑幼兒自製手做的——請隨手關燈提示板

活動四：減碳愛地球

緣起：要種植哪一種的減碳植物，老師上網找了很多相關資訊，那陣
子剛好有新聞報導嘉義市各學校種植綠色植物推動減碳，參考
多方訊息再加上跟學校主任討論之後，剛好學校有黃金葛，於
是我們就決定來種植黃金葛推動減碳。

☛ 活動過程

一、保特瓶大變身

> 事先收集保特瓶，老師先幫忙裁剪
為適合當花瓶的大小。

> 保特瓶＋壓克力彩＋畫具。

> 幼兒分組創意彩繪→變身為「美花
瓶」。

> 收拾與整理。

> 作品發表與經驗分享。

二、動手做～

> 經討論之後，我們決定了把現有的黃金葛做二部分的處理，放
在教室的用水栽模式，擺放在外面的用土壤扦插法繁殖。

> 老師事先把黃金葛做分支處理，方便幼兒取用。

> 水栽模式：

1.分組，自行選擇容器。

2.選擇黃金葛放入瓶中，並注入水到適當的水位。

> 土壤扦插法繁殖：

　　1.用剷子剷土裝入容器中。

　　2.把黃金葛插入土中。

　　3.用噴水槍對土壤和葉子噴一下水。

> 持續觀察黃金葛的變化。

↑擺放在學習區，美化又減碳

↑用水栽種黃金葛

↑用土壤扦插法繁殖

↑擺放在教室外，美化又減碳

↑認-小-中-大-1-2-1觀察動植物的生長變化

↑認-中-2-2-3與他人討論動植物與生活的關係.

➥ 幼兒的發現

　　幼兒每天去觀察之後，發現到黃金葛漸漸出現枯黃，原本以為是水澆不夠，所以戶外土壤組由二天改為每天都澆水，但是還是繼續枯黃，連教室水栽組也是出現枯黃的狀況，最後請教學校花草達人——阿琨叔叔，可能是黃金葛剛換盆所產生的問題，約10天後葉子又慢慢回復翠綠了。

注意事項：有關教室水栽組，每週二、五會換水，避免積水容器造成登革熱病媒孳生源。

266

活動五：環保清潔劑

（提先幾天製作，4/22世界地球日當天讓幼兒帶回）

國小部環境教育親職講座，前一陣子做過環保清潔劑，家長的反應都超好，剛好製作難度也不高，可以讓幼兒嘗試，於是就規劃了這一個活動。

事先準備：環保清潔劑基本成分與比例：酵素100cc、液體皂基100cc、純水200cc、增稠劑15cc，蒐集保特瓶並洗淨曬乾。

● 活動過程

一、動手做

➤ 事先準備：

1. 老師先把4種材料分裝在瓶子中。

2. 4種材料分別在4個不同的量杯，用奇異筆畫線做記號，例如酵素100cc，就在量杯刻度100處畫條紅線，方便幼兒操作。

➤ 分組實作。

➤ 幼兒經驗分享與發表。

↑幼兒分組實做——把材料依正確容量倒入瓶內　↑完成的環保清潔劑

↑認-中-3-1-1參與討論解決問題的可能方法並實際執行

↑認-大-3-1-1與同伴討論解決問題的方法，並與他人合作實際執行

活動六：世界地球日——主題統整活動

活動過程

一、**認識世界地球日**

➤ 老師事先蒐集有關世界地球日的相關圖片做成簡報，與幼兒分享。

➤ 觀賞世界地球日的相關簡報。

➤ 幼兒經驗分享與發表。

二、**創意學習單**

➤ 學習單創作：

　1. 創意思維：4月22日是世界地球日，在這一天，我們要做一件讓地球更美好的事，請把你要做的事畫出來與大家分享。

　2. 幼兒進行學習單創作。

　3. 學習單作品經驗分享與發表。

↑ 我要做好資源回收

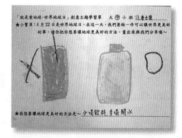
↑ 我要少喝飲料多喝白開水

三、**守護地球**

➤ 討論：在4/22世界地球日，全班可以共同做哪些愛護地球的實際行動？

> 幼兒發表與經驗分享。

> 幼兒討論結果：

1.垃圾分類　2.資源回收　3.製作環保清潔劑　4.吃素愛地球　5.帶手帕少用紙　6.上午9-11點關燈到戶外活動　7.少用塑膠袋　8.隨手關燈‧節約用水

四、簽署愛護地球宣言

> 老師事先把幼兒討論的實際行動事項打字列印。

> 做成大海報，讓幼兒蓋上手印，以示簽署。

> 以蓋手印方式簽署愛護地球宣言。

> 作品展覽與經驗分享。

↑簽署愛護地球宣言

五、以行動愛地球

> 配合世界地球日，幼兒當天愛地球的實際行動：

　1.「就是愛地球」主題活動有獎徵答。

　2.垃圾分類小達人──分成一般垃圾和資源垃圾二種。

　3.9-11點關燈離開教室，進行戶外活動──吃孩子自己做的綠豆冰棒、主題統整活動。

　4.當日午餐全校配合無肉日。

↑有獎徵答題目

↑幼兒回答有獎徵答的
　題目

↑幼兒實際練習垃圾的
　分類

↑社-中-大-3-4-1樂於親近自然、愛護生命、節約資源

↑認-大-3-1-1與同伴討論解決問題的方法，並與他人合作實際執行

↑社-小-中-2-2-3依據活動的程序與他人共同進行活動

☛ 活動後回饋

> 其實愛地球不是口號，而是要實際落實在生活之中，這個主題
> 活動一系列下來，幼兒已經累積了很多實際愛護地球的能力
> 了，回家還會與家人分享，並要求家長一起做好，真很棒棒的
> 環保小尖兵。

> 有關環保清潔劑，因為是重複利用保特瓶裝瓶使用，清潔劑的
> 顏色是茶色，跟一般飲料很類似，為了不讓家中其他幼兒誤
> 食，特別在瓶子外面貼上不可以飲用的文字和圖片，以防止誤
> 食意外事件發生。

> 在4/22世界地球日那天，幼兒真的是說到做到，甚至再來也都持
> 續以實際行動在守護地球，當天教室從9點開始關燈，那時候師
> 生還在做一些討論，電風扇也停了，開始有點熱了，但是全班
> 沒有一位幼兒喊熱，當老師詢問他們還好嗎，幼兒竟然回答：
> 「如果流汗就用手帕擦一下就好，也不會怎樣的。」哇！守護
> 地球的心真是叫我們大人佩服～

➢ 有獎徵答的題目都是這一個主題裡面所進行的相關活動，所以
幼兒的回答正確率幾乎是百分之百，其實也只是利用這個統整
活動再把之前的串連複習一下，用有獎徵答這效果真的是超好
的！以後其他活動也是可以參考的。

第六篇

幼兒園階段課程與
教學設計實務（五）

課程與教學名稱
歡樂節慶趣～

一、課程與教學設計理念

　　一年當中，會碰到很多的節慶，有的課程需要和節慶作結合。本單元特別介紹兒童節、母親節、端午節及教師節共4個節日，節慶的教學未必一定要守舊，我們想要給幼兒創新的學習、體驗和感受，但又不脫離節慶的原始意義，於是創新了「歡樂節慶趣」的這個課程與教學活動設計。

二、課程與教學主題事後網

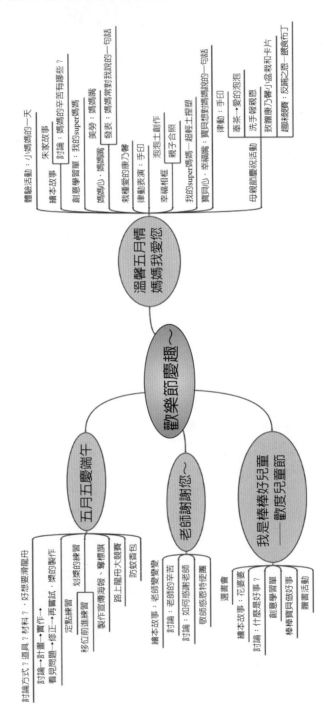

三、本單元的學習指標

編號	活動名稱	相對應的學習能力指標
一	我是棒棒好兒童——歡度兒童節	社-小-2-1-3　根據自己的想法做選擇 語-小-2-6-2　說出或畫出敘事文本中印象深刻或喜歡的部分 認-小-1-3-2　以圖像記錄生活物件的特徵 社-大-3-1-1　建立肯做事、負責任的態度與行為 社-小-3-1-2　對自己完成的工作感到高興 社-中-2-2-1　表達自己並願意聆聽他人想法
二	溫馨五月情——媽媽我愛您	社-小-3-1-2　對自己完成的工作感到高興 語-中-2-6-1　描述故事角色間的對話與情節 語-中-2-3-1　敘說時表達對某項經驗的觀點或感受 語-小-中-大-1-1-2　理解團體互動中輪流說話的規則 社-小-中-3-1-1　自己能做的事情自己做 認-中-2-2-3　與他人討論動植物與生活的關係 身-幼-3-1-1　隨著音樂旋律擺動身體 身-中-2-2-4　綜合運用抓、握、扭轉、揉、捏的精細動作 美-小-3-2-1　欣賞視覺藝術創作，描述作品的內容 美-中-2-2-1　運用各種視覺藝術素材與工具，進行創作 語-中-2-2-2　以清晰的口語表達想法 社-小-中-1-6-1　參與節慶活動 社-大-1-6-1　參與節慶活動，體會節慶的意義
三	五月五慶端午	認-中-3-1-1　參與討論解決問題的可能方法並實際執行 認-大-3-1-1　與同伴討論解決問題的方法，並與他人合作實際執行 美-中-2-2-2　運用線條、形狀或色彩，進行創作 身-中-1-1-1　覺察身體在穩定性及移動性動作表現上的協調性 身-小-2-1-1　在穩定性及移動性動作中練習平衡與協調 身-中-大-2-2-1　敏捷使用各種素材或器材 社-小-中-2-2-3　依據活動的程序與他人共同進行活動 美-小-2-2-1　把玩各種視覺藝術的素材與工具，進行創作 社-小-中-3-1-1　自己能做的事情自己做

277

編號	活動名稱	相對應的學習能力指標
四	老師謝謝您	語-中-1-5-3　知道書籍封面有書名，創作者和譯者的名字 語-中-1-5-2　理解故事的角色與情節 語-大-2-2-3　在團體互動情境中參與討論 社-小-1-5-1　認出生活環境中常接觸的人事物 社-中-2-3-1　理解自己和互動對象的關係，表現合宜的生活禮儀 社-中-3-2-1　主動關懷並樂於與他人分享

四、課程與教學設計活動實例

本單元的課程與教學活動設計，主要是針對一年當中的重要節慶和節日。透過介紹節慶的方式，讓幼兒有初步的認識。

活動一：我是棒棒好兒童──歡度兒童節

● 教學活動設計理念

一般的兒童節，大部分都是辦活動、玩遊戲、送禮物等，大家開開心心過一天，我們一直想要創新，想讓幼兒過一個不一樣又有意義的兒童節，於是，我們決定今天的兒童節，讓幼兒做一件可以讓教室更好的事，完成之後，以贈書作為獎賞。因為有想法，因為想更好～於是，我們創新了。

● 學習資源

繪本──《花婆婆》（三之三出版社）、繪本圖書（當作兒童節禮物）、學習單。

☛活動過程

一、選書會——兒童節的禮物

➤ 時間：選在兒童節前10天（確保兒童節之前可以收到，當天分給幼兒當禮物即可）。

➤ 繪本：選用學校現有的繪本圖書（新出版的、幼兒平日喜歡借閱的、老師希望幼兒可以學習的皆可）。

➤ 方式：採用開放式的擺設，讓幼兒們親自選擇自己喜歡的繪本圖書當作兒童節禮物。

➤ 後續：統計書名、數量，協助訂書。

↑開放的選書會場　　　　　↑幼兒們選書中

↑社-小-2-1-3根據自己的想法做選擇

二、繪本故事——《花婆婆》

➤ 幸福故事時間：

1. 介紹書名、作者、翻譯及出版社。

2. 老師說故事。

3. 分享與發表：故事中你最喜歡的或是讓你印象深刻的部分。

4. 提問：花婆婆做了哪三件可以讓世界變得更好的事？

↑語-小-2-6-2說出或畫出敘事文本中印象深刻或喜歡的部分

279

三、什麼是好事？

> 討論：做一件可以讓班上更好的事。

> 幼兒經驗分享與發表。

> 統整。

> 決議：在兒童節當天，每一個人，以打掃整理的方式，讓教室可以變得更好。

四、創意學習單

> 題目：讓教室更美好的一件事。

> 幼兒進行學習單創作：畫出自己可以讓教室更美好的事。

> 收拾與整理。

> 學習單作品分享與發表。

> ↑認-小-中-1-3-2以圖像記錄生活物件的特徵

五、棒棒寶貝做好事～

（兒童節當天進行）

> 準備工作：準備清掃用具。

> 做一件讓教室更好的事～實作中。

> 收拾與整理。

> 經驗分享與發表。

> ↑社-大-3-1-1建立肯做事、負責任的態度與行為

> ↑社-小-3-1-2對自己完成的工作感到高興

六、贈書活動

> 分享幼兒創作學習單：這學習單的左邊部分，是幼兒畫出自己要做的好事，右邊是幼兒當天做好事的照片。

➢ 贈書：

1. 完成者可以得到一本繪本（當初選書自己所選的）。

2. 個人照做紀念→全班團體照。

↑ 小晰～整理扮演區

↑ 小善～擦椅子排整齊

↑ 棒棒兒童的兒童節禮物

↑ 社-中-2-2-1表達自己並願意聆聽他人想法

◆ 活動後回饋

➢ 《花婆婆》繪本中，爺爺希望小女孩做三件可以讓世界更美好的事，剛好可以接續在這邊做延伸，讓幼兒去思維，在這個屬於自己的節日中，透過做一件好事，讓兒童節更具意義。

➢ 學習單分二個部分，左邊是讓幼兒自己畫出，他想要做一件讓教室更美好的事，右邊是幼兒當天實作的活動照，老師幫忙拍照並列印出來裁剪，讓幼兒自己貼在學習單上，這是一份很有意義的學習單，自己計畫→自己完成。

➢ 今年的創新是讓幼兒自己選書，從選書過程中，幼兒不僅對書有更深的感覺，且要學習對自己所選擇的負責任，從選書→決定好事→實作好事→獲得贈書，真是很棒的一個體驗學習。

活動二：溫馨五月情──媽媽我愛您

（1至2週時間的活動）

● **學習資源**

　　繪本──《朱家故事》（漢聲出版社）、塑膠球、圖畫紙、剪刀、丹迪紙、康乃馨盆栽、泡泡土相框、超輕土、心形塑膠瓦楞版、白膠。

● **活動過程**

一、小媽媽的一天

　➤ 體驗學習──媽媽懷孕的辛苦：

　　1. 這球就像是小baby一樣，所以你要好好保護他喔。

　　2. 不管是上課、遊戲、吃飯和睡覺都要好好把他照顧好喔～

　➤ 幼兒經驗分享與發表。

↑透過走路、如廁、刷牙等，藉機體驗媽媽懷孕的辛苦

↑社-小-3-1-2對自己完成的工作感到高興

二、繪本故事──《朱家故事》

> 幸福故事時間：
> 1. 介紹書名、作者、翻譯及出版社。
> 2. 老師說故事。
> 3. 老師就繪本故事內容與幼兒做互動
>   式提問。
> 4. 幼兒發表──敘述角色的對話和情節的描述。

> 焦點討論：張大心眼想一想，媽媽有哪些辛苦？

　↑語-中-2-6-1描述故事角色間的對話與情節

三、創意學習單──我的super媽媽

> 創意思維：請你想想看，我的super媽
> 媽，什麼最厲害？
> 幼兒進行學習單創作。
> 收拾與整理。
> 幼兒創意學習單分享。

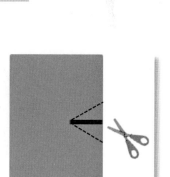

　↑語-中-2-3-1敘說時表達對某項經驗的觀點或感受

四、媽媽心‧媽媽嘴

> 媽媽嘴實作：
> 1. 分發材料。
> 2. 剪一刀（實線），摺出（虛線）媽
>   媽嘴。
> 3. 彩繪媽媽嘴。
> 發表：媽媽最常對我說的一句話。
> 幼兒經驗分享與發表。

小寶貝	媽媽常說的一句話
小花	快吃飯洗澡
大雄	睡覺了
小美	不要看電視了
……	……

↑小寶貝創作的媽媽嘴　　　　　↑圍討和發表→媽媽常說的
　　　　　　　　　　　　　　　　　一句話

↑語-小-中-大-1-1-2理解團體互動中輪流說話的規則

五、愛的康乃馨

> 討論：母親節要送什麼花給媽媽？

> 表決：玫瑰花8票、康乃馨17票、太陽花5票。

> 決議：康乃馨。

> 事先準備：先購買康乃馨小盆栽，每位幼兒都要一盆。

> 愛的澆灌：

　1.請幼兒每天親自去幫康乃馨澆水。

　2.並天天對康乃馨說：我愛你。

> 母親節當天，請幼兒獻給媽媽，並和媽媽合照。

> 活動結束，帶回家繼續澆水種植。

↑用心用愛澆灌～

↑社-小-中-3-1-1自己能做的事情自己做

↑社-小-3-1-2對自己完成的工作感到高興

↑認-中-2-2-3與他人討論動植物與生活的關係

六、律動表演

➢ 歌曲：手印（溫嵐演唱，請購買正版）。

➢ 平日練習。

➢ 母親節活動當天要表演。

↑身-幼-3-1-1隨著音樂旋律擺動身體

七、幸福相框

➢ 前置作業：

1. 事先請家長用LINE傳媽媽和幼兒的合照（爸爸、阿嬤也都可以）。

2. 如果家長沒手機可以拍照傳照片，事先跟家長預約一下，接送幼兒時，由老師幫忙拍照。

3. 蒐集好照片檔，老師將全班集體送照相館沖洗。

➢ 分發材料：泡泡土、木質相框。

➢ 幸福相框實作中。

➢ 收拾與整理。

➢ 作品欣賞與分享。

↑身-中-2-2-4綜合運用抓、握、扭轉、揉、捏的精細動作

八、我的super媽媽

➢ 分發材料：輕巧土、心形塑膠瓦楞板、白膠。

➢ 輕巧土創意捏塑實作中——我的super媽媽。

➢ 收拾與整理。

➢ 作品欣賞與分享。

↑寶貝的創意作品──我的super媽媽

↑身-中-2-2-4綜合運用抓、握、扭轉、揉、捏的精細動作

↑美-小-3-2-1欣賞視覺藝術創作，描述作品的內容

九、寶貝心‧幸福嘴

活動緣起：

前面「媽媽心‧媽媽嘴」這活動，是分享媽媽最常對幼兒說的一句話，但幼兒們也想要對媽媽說一句話，所以延伸出「寶貝心‧幸福嘴」這活動來。

➤ 幸福嘴實作：

1. 分發材料。

2. 創作幸福嘴。

➤ 發表：我想對媽媽說的一句話（老師幫忙用手機錄影，個別傳LINE給家長）。

➤ 幼兒經驗分享與發表。

小撇步：

如果您是要用LINE傳給家長：

1. 請用手機錄影，要傳輸比較方便。

2. 請每位幼兒分開錄影，這樣檔案比較小比較好傳，如果全班錄在一起，檔案很大很難傳。

3. 家長大部分最愛聽的是，自己幼兒想對自己說的話，所以錄個

人的比較實用。

↑小寶貝的創作──寶貝心・幸福嘴

↑全班輪流發表── 想
對媽媽說的一句話

↑美-中-2-2-1運用各種視覺藝術素材與工具，進行創作

↑語-中-2-2-2以清晰的口語表達想法

十、母親節慶祝活動

（此為全校性活動，僅分享幼兒園有參加部分）

➢ 律動表演──手印。

➢ 奉茶→愛的抱抱。

➢ 洗手報親恩：

　1.洗手前，要先跟長輩鞠躬。

　2.先摸摸長輩的手，再開始慢慢

　　洗手。

↑律動表演──手印

➢ 致贈康乃馨小盆栽和卡片。

➤ 趣味競賽：反哺之恩——餵食布丁。

↑奉茶，感恩媽媽的辛勞～並與媽媽來個愛的抱抱

↑洗手報親恩——我要謝謝媽媽

↑我種康乃馨親手送給媽媽　　　↑我會餵阿嬤吃布丁

↑社-小-中-1-6-1參與節慶活動

↑社-大-1-6-1參與節慶活動，體會節慶的意義

活動後回饋

- 從《朱家故事》中的媽媽，去引導幼兒思維媽媽的辛苦，是一個很棒的導入，幼兒透過繪本故事中的情節，很快能連結到自己媽媽在生活中的辛勞。其實母親節感恩系列活動，就是從這個點開始，幼兒知道媽媽的辛勞，後續的系列活動，幼兒才能出自內心感恩，這樣活動才有意義，不然只是趨於形式的活動，就很可惜的。

- 從「媽媽心・媽媽嘴」中，發現到臺灣的媽媽真的是很辛苦，因為媽媽常說的一句話，幾乎都是「快吃飯、快洗澡、快睡覺、快起床……」，辛苦媽媽了。因為這狀況，我們也討論到下一年度的親職講座，將朝安排情緒的出口與釋壓這部分為主。

- 有關「愛的康乃馨」這部分，有些盆栽的花開得很漂亮，有的到母親節這一天，卻一朵都還沒開，下一次在訂購時，要跟花店老闆請教，是需要早點訂購，還是有其他需注意的事項，儘量可以在母親節附近開花。（事後有家長回饋，康乃馨開花了，不過，距離母親節已經過一週了……）

- 幸福相框，最讓家長們讚嘆和喜愛，自己和幼兒的合照，又配上自己幼兒親手做的相框，更是讓家長驕傲又感動。事先蒐集親子照片的點子出擊成功！

- 捏塑我的super媽媽，把媽媽捏塑在心形的塑膠瓦楞片上，真的是很棒的創舉，不管顏色、效果，真的是超讚的。

- 寶貝心・幸福嘴，這活動是由幼兒發起的，幼兒的發想很棒喔！用LINE傳給家長，家長都很感動，甚至有家長回饋，她感動到哭了，感覺幼兒長大了。

> 反哺之恩——餵食布丁，由寶貝親自餵食家長布丁，有的幼兒忍不住先吃了一口，有的還沒入口就掉了，有的幸福入口，整個會場充滿幸福的歡笑聲，還有家長頻頻拭淚，因為是小寶貝第一次餵他吃東西，很感動～

活動三：五月五慶端午

（著重在體能遊戲部分）

● 學習資源

滑溜布、奪標旗、報紙、包裝紙、金邊膠帶、口罩、防蚊中藥包。

● 教學活動設計理念

端午節快到了，幼兒們在談話中提到，為什麼划龍船的比賽，都沒有給幼兒園的小朋友參加？

他們很希望可以參加，於是～有了這一個活動產出。

● 活動過程

一、好想划龍舟比賽

> 討論：方式？道具？材料？

> 幼兒發表與經驗分享。

> 決議：

1. 分為小藍和小紅二隊競賽。

2. 直接在地板滑行前進（幼兒討論後，認為不要做龍船，因為手要划槳，沒有多餘的手去拉住龍身，所以討論後決議不做）。

3. 先奪標者為贏。

4. 需要做道具，每人一根槳。

5. 槳用報紙來做。

6. 需要有可以得標的旗子。

7. 水道可以用滑溜布代替。

↑認-中-3-1-1參與討論解決問題的可能方法並實際執行

二、槳的製作

討論→計畫→實作→看見問題→修正→再嘗試。

➤ 討論 ：槳的作法。

➤ 計畫 ：

1. 用報紙來做槳。

2. 想要加上金邊膠帶，因為比較漂亮。

➤ 實作 ：按照計畫開始實作。

➤ 看見問題 ：

1. 幼兒發現到報紙捲太粗，裡面空心愈大，愈容易軟掉。

2. 用報紙感覺比較不美觀。

3. 只有長長一根棒子比較不像搖槳。

➤ 修正 ：

1. 捲報紙的時候，儘量捲實心一點，空隙不要太大（第一代）。

2. 加上金邊膠帶，不僅美觀，還可以有紮實的功效。

3. 幼兒又把棒子加上包裝紙再上金邊膠帶（第二代）。

4. 然後又加上厚紙片，更像槳了（第三代）。

↑第一代：
用報紙捲棒子
並加金邊膠帶

↑第二代：
外面包上包裝紙並加
金邊膠帶

↑第三代：
加了厚紙板後，更像
槳了

↑認-大-3-1-1與同伴討論解決問題的方法，並與他人合作實際執行

↑美-中-2-2-2運用線條、形狀或色彩，進行創作

↓槳完成了，當然要來練習了

三、划槳的練習

➤ 實作練習：

1. 屁股著地，手握槳，利用屁股使力往前進。

2. 槳的握法。

➤ 看見問題：

1. 有些幼兒槳的握法很奇怪，感覺卡卡的。

2. 手要划槳，以及屁股要滑行前進，手忙腳亂。

➤ 修正調整：

1. 槳划在左側，握法就是右手上、左手下；槳划在右側，握法就是左手上、右手下，指導好幾次，發現幼兒的握法，還是很容易就錯誤，最後我們用了一個方法，在幼兒的手點上紅點。

2. 例如：槳划在右側，握法就是左手上、右手下，所以左手就在中指點一個紅點，右手就在手背點紅點，如果幼兒的握法正確，二隻手都會看到紅點，幾次下來，幼兒的握法不僅正確甚至握槳速度也快多了。

3.為了不要讓幼兒一開始就混亂，我們調整讓幼兒坐在長椅上，定點練習划槳，等熟悉之後，再做移位前進練習。

➤ 再次練習：

1.幼兒握槳的姿勢，經過2至3次的畫紅點提醒，接續之後的握槳就能正確又迅速。

2.因著有先定點划槳的練習，幼兒對於後來的移位前進練習，就不會手忙腳亂了，而且配合鼓聲和「1～2～煞」的口令，還真是有模有樣。

↑這三種握法，是幼兒比較容易出現錯誤的握法

槳划在右側，握法就是左手上、右手下，所以左手就在中指點一個紅點，右手就在手背點紅點，如果幼兒的握法正確，二隻手都會看到紅點，幾次之後，幼兒就可以學習到正確的握法

↑ 定點練習划槳　　　　↑ 划槳移位前進練習

↑身-中-1-1-1覺察身體在穩定性及移動性動作表現上的協調性

↑身-小-2-1-1在穩定性及移動性動作中練習平衡與協調

↑身-中-大-2-2-1敏捷使用各種素材或器材

四、奪標旗、海報

幼兒說，划龍船應該要有專屬的奪標旗子，甚至也需要有海報，才會有觀衆來參觀。

➤ 分組討論→彩繪旗子、海報。

➤ 作品分享與經驗分享。

↑分組製作宣傳海報

↑小藍和小紅二隊的奪標旗

↑社-小-中-2-2-3依據活動的程序與他人共同進行活動

五、路上龍舟大賽

➤ 事前準備：

1.把滑溜布用膠帶固定好。

2. 奪標旗的旗桿用瓦楞紙捲起好固定，底部用泡棉膠黏上約3公分直徑磁鐵，椅子先黏上相同大小的磁鐵（需注意到磁性，以免跟旗桿無法相吸）。

➢ 整隊進場→先把小藍和小紅二隊分好。

➢ 正式比賽→先奪標的隊伍就是勝利。

➢ 收拾整理→讓幼兒練習把滑溜布接續摺好。

➢ 經驗分享。

↑ 場地布置，滑溜布代替水道

↑ 正式比賽開始了～

↑ 小紅先奪標了

↑ 身-中-1-1-1覺察身體在穩定性及移動性動作表現上的協調性

↑ 身-小-2-1-1在穩定性及移動性動作中練習平衡與協調

↑ 身-中-大-2-2-1敏捷使用各種素材或器材

六、防蚊香包

活動緣起：

　　幼兒在美勞區創作分享，他做一個像哆啦A夢的百寶袋，就有幼兒回應說：「我想要做一個蚊子會害怕的百寶袋，這樣蚊子就不會叮我了，媽媽都要幫我噴防蚊液，我不喜歡那味道。」

　　原來～幼兒的想法是這樣，剛好端午節即將到來，那就和端午香包來個結合，於是有了防蚊香包的萌發。

➤ 材料：口罩、防蚊中藥包、奇異筆。

➤ 事前工作：把口罩內層上下二面先用白膠黏好（如圖片雙箭頭處）、用剪刀從虛線處剪下、鬆緊帶可以留著等裝好中藥材後綁緊。

➤ 彩繪口罩（用奇異筆效果比較好）→裝入防蚊中藥（可用湯匙）→綁緊（老師協助）→綁上中國結繩（老師協助）。

➤ 作品展示與經驗分享。

↑ 雙箭頭處內層上下黏白膠，並從虛線處剪掉

↑ 彩繪口罩

↑ 裝入防蚊中藥材

↑ 我的香包完工了

↑實貝們做的防蚊香包

↑美-小-2-2-1把玩各種視覺藝術的素材與工具，進行創作

↑社-小-中-3-1-1自己能做的事情自己做

活動後回饋

> 很多事，真的是做了就會不一樣，槳就是一個例子，歷經三代的過程，從原本的報紙→加上包裝紙→加上紙板，幼兒從中去探索去修正，慢慢就愈來愈真愈來愈像了。幼兒在分享時說到，可以請大家幫忙收集壞掉的掃把，用掃把的棍子加上長一點的紙板就更像了。

> 幼兒一開始在握槳的姿勢真的是怪，最後用些小技巧，在幼兒的手上點上紅點，並親自指導幼兒握法，練習幾次下來，效果真的是超讚的，幼兒很快就上軌道了。

> 幼兒原本提議比照上次星光大道活動，黏貼大壁報紙當作水道，忽然阿翔說，「上次玩小布球的滑溜布可以用來代替嗎？」真是一個好點子，於是滑溜布就成了水道。

> 龍舟活動進行中，發現到，好多幼兒都不是靠腳和屁股來移動前進，而是用手支撐往前，這樣就沒辦法划槳，經教師把規則重複說明並引導，再次進行時，此狀況就明顯減少了。

活動四：老師謝謝您～

☞ 學習資源

繪本——《老師變變變》（青林國際出版）。

☞ 活動過程

一、繪本故事——《老師變變變》

➢ 封面故事預測：

1. 你覺得故事中的老師，可能變成什麼了？為什麼？

2. 幼兒發表。

➢ 幸福故事時間：

1. 介紹書名、作者、翻譯及出版社。

2. 老師說故事。

3. 討論故事的角色和情節。

↑語-中-1-5-3知道書籍封面有書名，創作者和譯者的名字

↑語-中-1-5-2理解故事的角色與情節

二、老師的辛苦

➢ 討論：老師常做的事有哪些？

➢ 幼兒經驗分享與發表。

三、我要謝謝老師～

➢ 討論：謝謝老師的方法有哪些？

➢ 幼兒經驗分享與發表。

↓幼兒的發表：

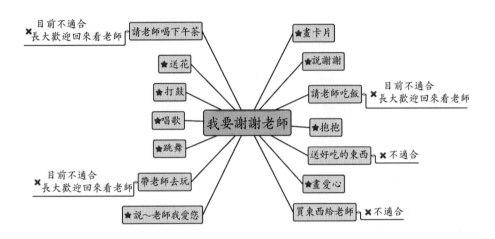

↑語-大-2-2-3在團體互動情境中參與討論

四、敬師感恩特使團

➢ 討論：特使團的功用？敬師方式？路線圖？

➢ 討論結果：

1.功用：表達對老師的謝意。

2.方式：用行禮表達禮敬老師，並對老師說：「老師我愛您，謝謝您。」

3.路線：從辦公室師長→各班老師→健康中心（護士阿姨）→廚房（廚媽阿姨）。

➢ 特使團出發～go！

➢ 經驗分享與發表。

↑敬師感恩特使團出發了～敬愛的雙溪師長們，謝謝您們

↑社-小-1-5-1認出生活環境中常接觸的人事物

↑社-中-2-3-1理解自己和互動對象的關係，表現合宜的生活禮儀

↑社-中-3-2-1主動關懷並樂於與他人分享

☞ 活動後回饋

➤ 《老師變變變》這繪本創意十足，下一次有機會，可以延伸並改變結局，應該會超有趣的。

➤ 有些幼兒對一些師長比較少接觸，剛好透過這樣的活動，再一次加深幼兒認識校內師長，很棒！

➤ 藉由這活動，讓幼兒學習感恩師長，透過活動再一次去思維老師的辛勞，這是很重要的學習與體驗。

國家圖書館出版品預行編目資料

幼兒園課程與教學設計／蔡瑾靜著. －－初
版. －－臺北市：五南, 2017.07
　面；　公分
ISBN 978-957-11-9249-9（平裝）

1.學前教育　2.學前課程　3.教學設計

523.23　　　　　　　　　　106010420

1163

幼兒園課程與教學設計

作　　者 ─ 蔡瑾靜（368.5）

發 行 人 ─ 楊榮川

總 經 理 ─ 楊士清

總 編 輯 ─ 楊秀麗

副總編輯 ─ 黃文瓊

責任編輯 ─ 郭雲周、李敏華

封面設計 ─ 潘旻鴻

出 版 者 ─ 五南圖書出版股份有限公司

地　　址：106台北市大安區和平東路二段339號4樓

電　　話：(02)2705-5066　　傳　　真：(02)2706-6100

網　　址：http://www.wunan.com.tw

電子郵件：wunan@wunan.com.tw

劃撥帳號：01068953

戶　　名：五南圖書出版股份有限公司

法律顧問　林勝安律師事務所　林勝安律師

出版日期　2017年 7 月初版一刷
　　　　　2020年 6 月初版三刷

定　　價　新臺幣380元

經典永恆·名著常在

◆

五十週年的獻禮——經典名著文庫

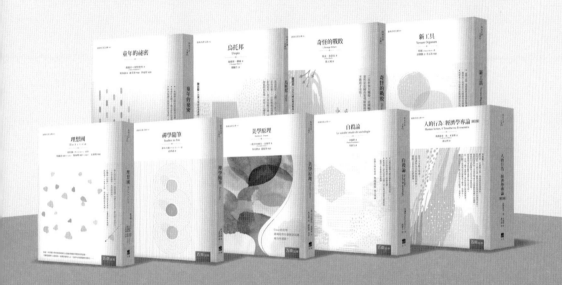

五南，五十年了，半個世紀，人生旅程的一大半，走過來了。

思索著，邁向百年的未來歷程，能為知識界、文化學術界作些什麼？

在速食文化的生態下，有什麼值得讓人雋永品味的？

歷代經典·當今名著，經過時間的洗禮，千錘百鍊，流傳至今，光芒耀人；

不僅使我們能領悟前人的智慧，同時也增深加廣我們思考的深度與視野。

我們決心投入巨資，有計畫的系統梳選，成立「經典名著文庫」，

希望收入古今中外思想性的、充滿睿智與獨見的經典、名著。

這是一項理想性的、永續性的巨大出版工程。

不在意讀者的眾寡，只考慮它的學術價值，力求完整展現先哲思想的軌跡；

為知識界開啟一片智慧之窗，營造一座百花綻放的世界文明公園，

任君遨遊、取菁吸蜜、嘉惠學子！